PROTECTION

ET ORGANISATION

DU TRAVAIL

Par Ed. GUILLARD

Prix : 1 fr. 50

PARIS

GUILLAUMIN & Cie, EDITEURS

De la collection des principaux Économistes,
Économistes et Publicistes contemporains, de la Bibliothèque des sciences
morales et politiques, du Dictionnaire de l'Économie politique,
du Dictionnaire universel de commerce et de la navigation, etc.

14, RUE DE RICHELIEU, 14

1887

PROTECTION

ET

ORGANISATION DU TRAVAIL

PROTECTION

ET ORGANISATION

DU TRAVAIL

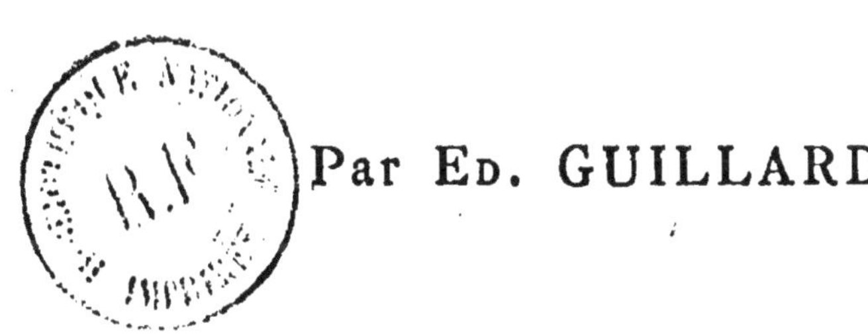

Par Ed. GUILLARD

Prix : 1 fr. 50

PARIS

GUILLAUMIN & Cie**, ÉDITEURS**

De la collection des principaux Économistes,
des Économistes et Publicistes contemporains, de la Bibliothèque des sciences
morales et politiques, du Dictionnaire de l'Économie politique,
du Dictionnaire universel de commerce et de la navigation, etc.

14, RUE DE RICHELIEU, 14

—

1887

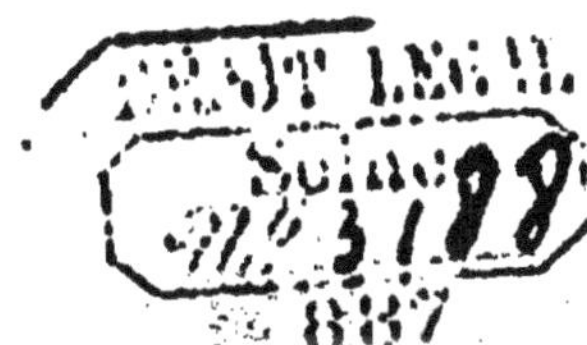

AVANT-PROPOS

Le Pays est sans idées nettes sur les conditions nécessaires d'une République à notre
époque, et nos députés vivent, pour la plupart,
dans la même incertitude de vues.

Il règne cependant une croyance dans les
masses, c'est que la République peut et doit
éteindre la misère.

Cette croyance, nous la partageons. La
République est une promesse de bien-être pour

tous. Elle n'a pas de raison d'être si elle ne travaille pas dans ce sens.

Qu'entend-on par : *La question sociale?*

La question sociale, c'est la misère du peuple.

Dire qu'il y a une question sociale, c'est reconnaître qu'il y a dans notre organisation sociale un vice d'où découle la misère publique, et le reconnaître c'est s'engager à chercher le remède.

Celui qui est résolu à trouver que tout est pour le mieux dans le meilleur des mondes possible, nie la question sociale pour se dispenser de chercher le remède.

C'était la nier que de dire : *Il n'y a pas une question sociale, mais des questions sociales.*

C'était diviser pour régner, car la volonté populaire devait nécessairement éparpiller ses forces sur les différentes questions qui lui seraient offertes en pâture comme monnaie de la question sociale.

A cette parole dissolvante, adoptée depuis comme mot d'ordre par les disciples du maître, nous avons résolu d'opposer la démonstration de *la question sociale une et indivisible*, afin de reconstituer le faisceau des volontés populaires, et de concentrer leur action sur la seule solution possible de la question sociale : *La Réforme économique*.

PROTECTION

ET ORGANISATION

DU TRAVAIL

CHAPITRE PREMIER

EXAMEN CRITIQUE

La réforme économique doit avoir pour effet de diminuer, et finalement faire disparaître, la misère des classes besoigneuses, par l'effet d'une plus équitable répartition des produits du travail.

Ce résultat ne peut être obtenu sans affecter en même temps les intérêts des autres classes de la société.

De là faut-il conclure, comme le font quelques-uns, que c'est une guerre de classes à poursuivre ?

Ce serait faire appel aux mauvaises passions d'une façon bien inopportune, car toutes les classes de la société sont intéressées à ce que la question sociale reçoive sa solution la plus équitable, et loin de déclarer la guerre aux riches, nous espérons au contraire pouvoir compter sur leurs sympathies.

La réforme sera la régénération de la société, et non le triomphe d'une classe sur une autre.

Il y aura des intérêts lésés, c'est inévitable ; mais il faut voir les choses de plus haut : les classes atteintes dans leur épargne et leurs loisirs, gagneront en dignité, en influence, en contentement d'elles-mêmes, et finalement en richesse même, bien plus qu'elles n'auront perdu, car elles dépenseront désormais en œuvres utiles et fécondes, des forces jusque-là gaspillées dans l'oisiveté et la débauche.

Quels sont les griefs des classes besoigneuses ?

Elles ne gagnent que tout juste de quoi vivre ; c'est la misère éternelle dans la jeunesse, pour finir dans l'âge mûr, sur un grabat ou à l'hôpital.

Ceci est vrai du journalier et de la multitude des bas emplois de l'agriculture, de l'industrie et du commerce.

Quant à ceux qui gagnent des journées plus fortes et qui le doivent à leur habileté professionnelle, leur salaire, quoique plus élevé, n'est cependant pas ce qu'il devrait être, parce qu'il est toujours ramené par comparaison à celui du journalier qui est insuffisant.

La raison de cet état de choses est connue : l'abondance des bras met le travailleur à la merci de l'employeur. C'est ce qu'on appelle pompeusement *la liberté du contrat de salaire* ou *loi de l'offre et de la demande;* de bien grands mots pour se dissimuler à soi-même qu'on autorise l'exploitation du travail par le capital ; tolérance qui, en raison du développement qu'a prise de nos jours l'industrie, a produit le *servage économique* qui caractérise notre époque.

C'est s'abuser étrangement, de croire que le principe de Liberté soit intéressé au maintien de cet état de choses !

Il ne peut y avoir de *Liberté* contre l'*Humanité.*

Le domaine de la Liberté ne commence que là où l'Humanité n'a plus rien à réclamer.

Servage économique.

Beaucoup de personnes s'étonnent sincèrement d'entendre dire que le régime économique sous lequel nous vivons, soit pour les travailleurs un *servage.* Elles pensent que ces plaintes sont au moins entachées d'une grande exagération.

C'est qu'il n'est pas donné à tout le monde de savoir discerner l'abus du droit, quand cet abus a existé de tout temps et qu'on n'en souffre pas soi-même (1).

Pour les anciens l'Esclavage était d'ordre naturel, tandis que nous y voyons une monstruosité. Leur dire qu'ils commettaient un crime contre

(1) Jean-Jacques Rousseau a dit : il faut beaucoup de philosophie pour voir les choses qui sont sans cesse devant nos yeux.

l'Humanité, en tenant des hommes en esclavage, eut été les jeter dans le plus profond étonnement, Quoi ! eussent-ils répondu, nous n'avons pas le droit avec notre argent d'acheter des esclaves ! !

Beaucoup de nos contemporains vont nous répondre sur le même ton : Quoi ! nous n'avons pas le droit de ne payer un homme que trois francs par jour s'il consent à travailler pour ce prix ! !

Il y consent en effet, mais c'est qu'il n'est pas libre de refuser ; il obéit à un maître impérieux : le besoin, la nécessité de ne pas mourir de faim, et de subvenir aux besoins d'une famille.

Le *Droit humain* est donc journellement violé dans la personne des travailleurs.

Comment remédier à cet état de choses ?

Pour faire disparaître un vice social, il faut d'abord remonter à sa source ; voir d'où il est né.

Son origine est celle-ci : Le jour où le premier homme a fait travailler son semblable sans lui donner part au bénéfice qu'il avait réalisé par son aide, une injustice a été commise.

Le jour où le législateur a consacré cet état de choses en le réglementant sous les noms de *Patronat* et *Salaire*, l'injustice s'est faite loi.

Tous les maux de l'Humanité découlent de là.

En ce qui regarde la France, le mal a été aggravé par les lois qui facilitent l'association des capitaux sans souci des droits du travail : *Sociétés en nom collectif, Sociétés en commandite, Sociétés anonymes.*

Le rôle du Capital n'eût jamais dû être que bienfaisant, mais il a été détourné de sa mission naturelle par la cupidité des hommes et l'imprévoyance du législateur, de sorte qu'au lieu de féconder le travail, il le domine et l'asservit.

Le travail doit-il être au service du Capital pour le grossir indéfiniment dans les mains qui le détiennent? — Ou bien est-ce le Capital qui doit être aux ordres du travail pour le féconder au profit de tous?

Si dans une entreprise, le travailleur le moins rétribué ne peut rien mettre de côté; s'il ne reçoit que le strict nécessaire pour vivre, il y a *exploitation*.

Le but que nous nous proposons ici, est donc d'organiser le travail sur des bases telles, que les capitaux existants n'absorbent pas tout le fruit du travail, et qu'il puisse se former incessamment de nouveaux capitaux dans de nouvelles mains.

Nous ne nous faisons pas l'écho de telle ou telle doctrine socialiste; nous ne sommes d'aucun parti connu. — Nous convions nos concitoyens à un genre de socialisme qu'ils définiront eux-mêmes.

Notre réforme ne tend pas au seul bien-être de la classe ouvrière; elle tend au bonheur de tous, en général, en commençant, il est vrai, par la classe jusque-là sacrifiée des travailleurs, de quelque nom qu'on les nomme : journaliers, laboureurs, ouvriers, artisans, commis, employés, domestiques, etc. Mais les Propriétaires, les Patrons, les Rentiers, pour n'être pas l'objet de nos premières préoccupations et quoique paraissant tout d'abord sacrifiés, ne retireront pas moins de réels avantages de notre réforme. — Non que nous prétendions réaliser l'impossible en donnant aux uns sans prendre aux autres; mais nous affirmons que le sacrifice imposé à ceux qui possèdent ne sera que momentané, qu'ils retrouveront bientôt ce qu'ils auront perdu, et qu'ils bénéficieront en outre d'avantages d'autre nature.

Le sacrifice que nous demanderons aux favorisés de la fortune, ne sera ni aussi considérable, ni aussi absolu que celui que Bastiat, se portant garant de leurs sentiments, offrait en leur nom dans le passage suivant des Harmonies économiques, page 428.

« La leçon n'a pas été tout à fait perdue pour
« les classes élevées. Elles sentent qu'il faut faire
« justice aux travailleurs. Elles désirent vivement
« y parvenir, non seulement parce que leur propre
« sécurité en dépend, mais encore, il faut le re-
« connaître, par esprit d'équité. Oui, je le dis
« avec conviction entière, la classe riche ne de-
« mande pas mieux que de trouver la grande
« solution. Je suis convaincu que si l'on réclamait
« de la plupart des Riches l'abandon d'une partie
« considérable de leur fortune, en garantissant

« que désormais le Peuple sera heureux et satis-
« fait, ils en feraient avec joie le sacrifice. »

Symptômes du malaise social.

Avant d'exposer notre projet de réforme, nous allons passer en revue les principaux symptômes du malaise social engendré par notre régime économique, et en préciser les causes.

Les grèves succèdent aux grèves et se terminent souvent par la hausse des salaires, mais aussitôt, les Patrons élèvent le prix de leurs marchandises de sorte que, finalement, c'est le consommateur et l'ouvrier lui-même qui supportent ces augmentations de prix, et le travailleur ne tarde pas à sentir de nouveau le besoin d'avoir recours à la grève.

C'est un rocher de Sisyphe qu'il remonte et qui retombe toujours.

Les grèves n'ont pas seulement l'inconvénient d'aboutir à ce résultat négatif et de faire subir des pertes sensibles aux deux partis en lutte ; elles ont aussi pour effet de mettre les produits français en désavantage sur les marchés étrangers, par les hauts prix qu'ils atteignent.

Il serait grand temps de renoncer à cette fâcheuse tactique.

La question des loyers a une gravité incontestable, à Paris surtout, où le mal sévit plus fortement. Mais il est à remarquer que les grèves sont encore dans une certaine mesure, la cause de la cherté des loyers.

Quand tous les corps de métiers ont fait leur grève et obtenu des augmentations de salaires, il est naturel que les loyers renchérissent, puisque les constructions coûtent plus cher.

Les grèves sont donc une arme à deux tranchants, qui fait plus de mal que de bien.

Les grèves et l'augmentation du prix de toutes choses, voilà la caractéristique de notre situation économique; et l'on n'en entrevoit pas la fin.

Il n'y a pas de raison pour que grèves et augmentations de prix cessent, puisqu'elles s'engendrent mutuellement. Il est au contraire à présumer qu'elles continueront dans la progression que nous observons depuis 40 ans, ou même dans une progression plus rapide, jusqu'à une catastrophe.

Nous vivons dans un état de crise perpétuelle, et la fin de la crise, si l'on ne sait rien prévoir, c'est la ruine de notre commerce et de notre industrie, c'est le malaise général donnant crédit à des théories insensées, et se traduisant par des attaques de plus en plus sensibles à l'ordre social, sans autre perspective que le chaos, puisque rien n'aura été préparé pour substituer un nouvel ordre de choses à celui qui s'écroule.

Et dans le monde gouvernemental, que verrons-nous ? Que voyons-nous déjà ?, L'agitation stérile, les soubresauts d'esprits aux abois, les ravages du socialisme d'Etat, et puis tout à coup les mesures violentes contre ceux qu'on choyait la veille.

Que peut-il résulter de tout cela, si ce n'est le déficit à l'état chronique, les aventures politiques et la décadence de plus en plus marquée de notre nation ?

Il ne faut pas se le dissimuler, notre vieille société tend à sa fin ; elle est minée par le vice de son régime économique, et la décadence qui atteindra toutes les nations dites civilisées, commence par nous, Français, parce que nous avons fait dans l'ordre politique des progrès qui nous rendent ce vice plus sensible.

Les Etats-Unis n'échapperont pas à la contagion. Nation jeune, elle a eu le tort de se former sur le modèle des vieilles. Les ressources de la colonisation peuvent bien lui dissimuler et éloigner d'elle pour un temps le mal qui nous ronge ; elle n'y échappera pas.

Sentant plus vivement que d'autres le mal dont tous sont atteints, c'est à nous, Français, qu'il appartient d'aviser.

Après avoir été les artisans les plus actifs du progrès politique, il nous écheoit de réaliser les premiers le progrès économique, progrès plus important de beaucoup que le premier, et sans lequel le progrès politique ne peut porter ses fruits.

Les Économistes.

Qu'en pensent les économistes de nos jours ?

La conclusion de M. Leroy de Beaulieu dans son *Essai sur la répartition des richesses*, est celle-ci : « La question sociale en tant qu'elle est « résoluble, se résout d'elle-même graduellement « et pacifiquement. »

Cette conclusion est doublement erronée : la question sociale ne se résoudra pas d'elle-même parce qu'elle tient à un vice de notre régime économique, qui ne peut disparaître que par la volonté du législateur ; et elle n'a pas de tendance à se résoudre pacifiquement, parce que les classes pauvres se sont élevées par l'instruction, parce qu'elles se voient exploitées, et qu'elles jouissent dans l'ordre politique, de droits superbes qui ne peuvent les disposer à accepter le rôle de parias auquel les condamne notre régime économique.

Si l'on nous objecte que tous les progrès peuvent se produire pacifiquement, par le jeu naturel du suffrage universel, nous répondrons qu'en principe c'est vrai, mais qu'en réalité il y a de grandes chances pour que les résistances inintelligentes des uns, les fureurs aveugles des autres, en disposent autrement.

M. Emile de Laveleye écrivait dernièrement : « Si le Pouvoir n'est pas désemparé par une cata-

« strophe, le socialisme n'est pas un danger réel,
« parce qu'il n'a pas, comme le mouvement de
« 1789, un programme nettement défini, compris
« et accepté. »

L'économiste belge nous parle de socialisme comme s'il ne pouvait y avoir qu'une sorte de socialisme : celui qui commande l'attention par ses théories violentes, ses programmes insensés.

M. de Laveleye ne sait-il pas qu'il y a en France, et peut-être dans son propre pays, un socialisme latent qui n'attend qu'une occasion pour se déclarer : celui des gens qui estiment que le travailleur ne reçoit pas le prix intégral de ses peines, et qui pensent *qu'il y a quelque chose à faire*. Ce quelque chose, ils n'admettent pas que ce soit ce que veulent les socialistes déclarés, aussi ne bougent-ils pas à leur appel.

Mais qu'on leur présente un programme sérieux, qui ne commence pas par bouleverser la société de fond en comble, pour la réédifier ensuite sur un plan connu de l'architecte seul (si toutefois il y voit clair lui-même) ; que ce programme, partant de ce qui est, ne touche aux droits acquis, qu'autant qu'il est nécessaire pour instituer un nouvel ordre de choses qui, de l'aveu de tous, créera une prospérité dont chacun aura sa part, — alors vous verrez ces socialistes latents se déclarer, et ils seront des millions !

Ce socialisme-là, nous l'appelons de tous nos vœux, et tout ami de l'Humanité devra le saluer avéc joie. Nos législateurs devraient s'en faire les apôtres, et renoncer au socialisme d'Etat qui n'est que de l'empirisme.

Mais non ! l'histoire est là pour l'attester: ils ne sauront pas prendre une bonne résolution ; ils préféreront attendre quelque explosion du socialisme bruyant que nous connaissons tous, pour l'écraser dans le sang. — Et ils croiront avoir sauvé la société ! — Ils auront affligé une fois de plus l'Humanité par le spectacle d'une de ces tueries abominables qui frappent toujours beaucoup plus d'innocents que de coupables, et dont l'imprévoyance du législateur est le vrai, l'unique coupable.

Causes de hausse des prix.

Remontons des effets aux causes : pourquoi ces grèves et ces augmentations de prix qui se succèdent sans trève? Est-ce que la hausse du prix de toutes choses est une loi naturelle?

Nous croyons que les causes connues de ce phénomène ne l'expliquent qu'imparfaitement, surtout dans les proportions que nous lui voyons prendre depuis quelque temps. Nous pensons qu'il est le produit d'un vice de notre régime économique, autant dire de nos mœurs, et voici comment nous l'expliquons.

Le capitaliste profitant de l'abondance des bras,

paye le travail d'un prix infime. — Cet état de choses a toujours existé. Cependant un certain sentiment d'humanité, la commisération, ont toujours habité dans le cœur de l'homme, et à toute époque il s'est trouvé des patrons qui ont consenti à élever le salaire de leurs ouvriers, qui y ont été forcés peut-être par des grèves, de quelque nom qu'on les nomme.

Mais l'homme, même miséricordieux, n'est pas parfait, et ces patrons n'ont jamais manqué d'élever un peu le prix de leurs marchandises pour faire payer au public leurs libéralités envers leurs ouvriers. C'est d'ailleurs de si peu qu'il faut augmenter les prix, pour couvrir une légère augmentation de salaire ! Le public s'en aperçoit à peine, et, de fait, ce n'est qu'après un certain nombre d'années que, par comparaison, on s'aperçoit que le prix d'une marchandise a haussé.

Ce lent travail d'augmentation des salaires et du prix des choses, dans tous les métiers, s'est continué sans interruption à travers les siècles, par la raison que nous avons déjà exposée, à savoir : que l'ouvrier dont le bas salaire a été la cause première de ce mouvement de hausse, en reçoit le contre-coup puisqu'il est lui-même consommateur, et que par suite, son salaire redevient bientôt aussi infime que précédemment, eu égard au prix des choses.

Dans notre siècle, et depuis 30 ou 40 ans surtout, par le fait du grand développement de l'industrie, ce fatal mouvement continu de hausse des salaires et du prix des choses, l'un poussant l'autre, a pris une allure plus accélérée sous l'action des grèves, sans apporter davantage de soulagement au travailleur.

Si, d'un côté, par suite des progrès dans les sciences et l'industrie, la misère matérielle de nos jours a un caractère d'intensité moindre qu'autrefois, la misère morale, toutefois, est plus grande — l'homme s'est élevé par l'intelligence, il est devenu citoyen, électeur, et on lui refuse le prix intégral de ses peines !

Sa misère matérielle est aussi grande que jadis, eu égard à la somme de bien-être existant chez ses concitoyens, et sa misère morale l'est bien plus, parce qu'il se voit exploité !

Nous avons démontré que la hausse du prix de toutes choses est imputable, au moins en grande partie, à *l'insuffisance des salaires;* que cette insuffisance a toujours existé, et qu'elle existera toujours avec le régime économique actuel, en dépit des accroissements qu'ils pourront recevoir.

Pour savoir jusqu'à quel point l'insuffisance des salaires doit être rendue responsable-de-la hausse, examinons s'il y a d'autres causes de hausse, et avec quelle force elles peuvent agir.

Il y a les tarifs de douane, les impôts, les octrois.

Réduisons nos observations aux quinze dernl es années, période de hausse s'il en fut; nous constatons que les tarifs de douanes n'ont pas été élevés; des impôts nouveaux avaient été établis pour faire face aux charges extraordinaires de la guerre, quelques-uns de ces impôts ont été supprimés, et cependant les prix ont continué leur marche ascendante.

M. Leroy de Beaulieu (*Economiste français* du 23 décembre 1882) constate que dans la période de 1875 à 1882, en sept ans, les salaires se sont accrus à Paris, dans les métiers qui tiennent à l'industrie du bâtiment, de 40 0/0 en moyenne. Il constate une hausse correspondante dans le prix des matériaux (*Economiste français* du 30 décembre 1882).

Il est donc incontestable que les prix peuvent s'élever par d'autres causes que par l'accroissement des taxes.

Remarquons d'ailleurs, que de nouvelles taxes ou augmentations de taxe n'ont qu'un effet instantané; elles déterminent une hausse et c'est fini; tandis que l'insuffisance des salaires agit d'une manière continue, et d'autant plus vivement que les temps sont relativement calmes et prospères.

Autre remarque d'une grande valeur : toute hausse, quel qu'en soit le motif, fournit un aliment à l'*Insuffisance des salaires,* qui s'en sert comme d'un levier pour rendre la hausse irrévocable.

En d'autres termes, le travailleur, toujours dans

la misère ou au seuil de la misère, ne laisse échapper aucune occasion de faire augmenter son salaire. Toute hausse, si éphémère qu'elle soit, est une arme dont il s'empare, et s'il réussit, la hausse sur laquelle il s'est appuyé est devenue par ce fait irrévocable, car les patrons ne consentiront plus à baisser leurs prix.

L'abondance des métaux précieux est-elle une cause de hausse ? La croyance générale est qu'elle diminue leur puissance d'achat.

Nous hésitions à partager cette croyance, lorsque M. Cliffe-Leslie est venu nous fortifier dans notre incrédulité à ce sujet.

M. Cliffe-Leslie est un économiste anglais que M. Emile de Laveleye apprécie particulièrement. (*Revue des Deux-Mondes* du 1er avril 1881.)

M. Cliffe-Leslie déclare en propres termes, que « non seulement toute l'augmentation de la quan-
« tité des métaux précieux, due aux nouvelles
« mines, n'a pas contribué à augmenter les prix,
« mais une portion considérable de ces métaux
« (les matières employées à un autre usage que la
« monnaie) a agi dans un sens entièrement op-
« posé, car, transformée en objets précieux, elle a
« réclamé un supplément de monnaie pour en
« opérer l'échange ».

Il y a, il est vrai, un fait bien établi, c'est que le prix de toutes choses a augmenté après la découverte des mines d'or de la Californie. Mais ce fait résulte des créations d'emplois et de la demande plus active de bras, qui se sont produits à cette époque.

Remarquons en effet, que les arrivages d'or de la Californie, ont coïncidé avec la naissance de la grande industrie en France et la légalité des grèves, circonstances bien suffisantes par elles-mêmes pour expliquer la hausse des salaires et par suite des prix.

Y a-t-il d'autres causes de hausse ? peut-être, mais aucune, assurément, ne peut avoir la force ni le caractère permanent de l'*insuffisance des salaires*. Ce sont causes accidentelles et passagères, dont les effets seraient eux-mêmes passagers, s'ils ne venaient fournir un aliment à cette cause permanente et toujours active de hausse : l'*insuffisance des salaires*. Sans cela nul doute que la concurrence et les excès de production n'eussent facilement raison de toute velléité de hausse.

Il est étrange qu'il ne puisse se présenter une circonstance favorable au développement de l'industrie, sans qu'aussitôt il y ait une hausse qui en confisque en quelque sorte le bénéfice !

Quel bien résulte-t-il pour le pays d'un accroissement de la *Richesse publique* qui entraîne à sa suite la hausse du prix de toutes choses ?

Le Capital seul y trouve son avantage, car il se multiplie ; et c'est bien improprement qu'on dénomme *Richesse-publique*, ce qui n'est que la richesse de quelques-uns.

Tel est l'effet de notre régime économique !

Et l'on parle de la prospérité générale ;

S'il est vrai que dans ces conditions il puisse y avoir accroissement de la prospérité générale, quelle ne serait pas cette prospérité si les ressources du travailleur augmentaient sans que le prix des choses augmentât en même temps ? —

Ce qui n'est pas possible sous le régime patronat et salaire, serait fort naturel sous le régime de l'association du travail.

Si pendant les 40 années qui viennent de s'écouler, et qui ont vu se produire tant de précieuses inventions, nous avions possédé le droit d'association du travail, au lieu du droit d'association des capitaux, la prospérité générale se fût élevée à un degré dont on ne peut se faire une idée, car elle eût surpassé de beaucoup celles dont l'histoire de l'Humanité fait mention. L'aisance eût pénétré jusqu'aux dernières couches de la société et c'eût été avec un juste orgueil que nous eussions pu parler de notre civilisation !

Le comprendra-t-on ? Comprendra-t-on qu'on a fait fausse route en laissant libre cours à la loi *de l'offre et de la demande*, en ce qui concerne le travail humain ? Comprendra-t-on que cette pratique des temps les plus despotiques et les moins humanitaires, approuvée de nos jours par une interprétation servile et maladroite du prinelpe de liberté, a donné au capital sur le travail, une prédominance fâcheuse, et qu'en y ajoutant la puissance de l'association, on a fait du travail le très humble serviteur du capital, au grand dommage de la prospérité générale?

Cette faute est compliquée, comme on l'a vu, d'une erreur économique multiple, qui contribue à répandre de l'obscurité sur la question:

1° On croit que la hausse du prix de toutes choses est un phénomène naturel et inséparable des progrès de l'industrie, tandis qu'elle est due à l'antagonisme créé par notre régime économique entre le capital et le travail.

2° On croit que l'élévation des salaires est la conséquence de l'élévation du prix des choses. Il serait plus exact de dire que l'élévation du prix des choses est la conséquence de l'élévation des salaires, puisque le mouvement de hausse a commencé par les salaires, fatalement infimes de par le vice de notre régime économique.

En réalité, l'un et l'autre sont vrais, de telle sorte que dans ce phénomène de la hausse, l'élévation des salaires est à la fois et alternativement la cause et l'effet.

Elle est la *cause*, parce qu'aussitôt que les salaires ont reçu une augmentation, la hausse du prix des choses s'en suit inévitablement, par le fait des Patrons qui ne veulent pas en subir les conséquences.

Elle est l'*effet*, parce que la hausse du prix

des choses à la suite de la hausse des salaires, ramène bientôt ceux-ci à leur insuffisance première, et détermine les travailleurs à agir de nouveau pour se faire augmenter.

C'est un cercle vicieux dans lequel nous sommes enfermés, et qui ne peut être rompu que par la substitution de l'association au régime patronat et salaire.

Nos esprits sont saisis d'un regret immense en songeant aux merveilles que l'humanité eût pu réaliser, avec la plus-value donnée sottement à tous les produits de la terre et de l'industrie, par l'antagonisme créé bénévolement entre le travail et le capital.

Que de forces perdues dans un régime économique qui condamne l'homme à travailler en mercenaire, sans souci des richesses qu'il crée et dont il sait qu'il n'aura pas sa part ! Quel gaspillage de matières premières, d'outillage et de frais généraux !

Il n'est pas douteux que garantir au travailleur le prix intégral de ses peines, serait faire disparaître toutes les causes qui s'opposent au développement de la prospérité générale, et rendre à la Société, avec le calme et la sécurité qui lui manquent, une source inépuisable de richesses.

L'homme est condamné par sa nature même à rechercher son intérêt personnel. Au législaleur il appartient d'ordonner les choses, de façon que la poursuite par chacun de son intérêt personnel, profite à l'intérêt général.

La *loi de l'offre et de la demande*, bonne pour les marchandises, ne peut être appliquée au travail humain, sans produire l'exploitation de l'homme par l'homme. C'est donc une *liberté* qu'il faut proscrire, comme tant d'autres libertés sont proscrites par nos lois ou règlements de police, parce qu'elles seraient nuisibles à autrui.

L'exploitation du travail par le capital et l'insuffisance des salaires qui en résulte, n'ont pas encore été, que nous sachions, dénoncés par les économistes. Aucun ne s'est élevé contre la loi inhumaine de l'offre et de la demande. Aucun ne s'est avisé de reconnaître dans le salariat la cause principale de la misère humaine! Tant il est vrai que l'*usage* est une force capable d'aveugler les esprits les plus éclairés. Il suffit qu'un état de choses ait existé de tout temps, pour qu'on le croie de fondation naturelle et nécessaire, et dans la recherche des remèdes sociaux, on pense à tout, on essaye de tout, sauf du seul remède efficace, parce qu'on s'obstine à ne pas voir le mal où il est.

L'aveuglement sur ce point est d'autant plus surprenant, que si la cause du mal est méconnue, le remède, lui, est parfaitement connu (l'association). Il est là, sous nos yeux qui semble dire :

eh bien, me voilà! pourquoi ne m'employez-vous pas ?

Quelques travailleurs cependant, guidés par le sentiment de leur intérêt personnel, ont dénoncé *le salariat* comme la cause de la misère humaine, mais tel est l'empire de l'*usage*, que leur hardiesse ne leur paraît pas à eux-mêmes, à l'abri de tout reproche.

Nous n'en voulons pour preuve que leur manque de mesure dans leurs revendications ; ils ne savent pas réclamer la reconnaissance de leur droit, sans menacer la Société d'extermination, comme des coupables qui sentent qu'on ne pourra jamais leur pardonner.

Qu'ils rentrent en eux-mêmes, qu'ils se persuadent bien que leurs plaintes sont légitimes, leur anathème sur le salariat justifié ; mais qu'ils comprennent que pour arriver au but poursuivi, il faut de la mesure, de l'ensemble, de la discipline, et que les moyens violents n'ont absolument aucune chance de succès.

L'exemple de la révolution de 1789 hante les cerveaux ; quelques-uns se persuadent que la force ayant réussi à nos pères, elle doit nous réussir aussi. Ils ne réfléchissent pas que la révolution était préparée dans les esprits depuis longtemps lorsqu'elle s'est accomplie. De plus, les abus qu'il s'agissait de détruire à cette époque, frappaient tous les yeux, parce qu'ils s'adressaient directement à la liberté, à la dignité, à la subsistance de l'homme, et se résolvaient en outrages, vexations, impôts et corvées de toutes sortes.

Les abus d'aujourd'hui n'ont pas le caractère brutal et l'évidence de ceux d'autrefois, parce qu'ils se dissimulent hypocritement sous le nom de *libertés*. L'homme souffre, mais il ne voit pas clairement pourquoi. C'est ce qui rend nécessaire de travailler avant tout à l'éclairer sur les causes de sa souffrance.

Et quand il les connaîtra, quand la lumière sera faite dans son esprit, il suivra les conseils de ceux qui lui diront : Tu as entre les mains une arme toute puissante, le vote; sers-t'en pour faire reconnaître ton droit. Bien fou celui qui voudrait remettre aux hasards de la force, un succès assuré à l'avance par l'emploi intelligent du vote! Autres temps, autres mœurs. Nos pères ont eu raison d'avoir recours à la force, puisqu'ils n'avaient pas d'autre arme à leur disposition. Ce serait chez nous folie insigne, et même crime, car nous compromettrions ainsi de gaieté de cœur, non seulement les droits que nous voulons faire reconnaître, mais aussi les progrès déjà réalisés, et peut-être l'instrument du progrès lui-même : *le suffrage universel.*

Ne pas vouloir se servir du droit de vote, serait s'en montrer indigne. S'il n'a pas encore donné les fruits qu'on pouvait en espérer, c'est le défaut d'expérience des masses qu'il faut en accuser.

Travaillons à les éclairer. Toute autre marche amènerait de cruelles déceptions.

L'Association.

Nous nous proposons donc de remplacer le système patronat et salaire, par l'association entre travailleurs.

Supposons un moment que ce soit chose faite; que partout où nous voyons un patron (individu ou société) faisant travailler pour son compte, il y ait une société d'hommes travaillant pour eux-mêmes. Qu'arrivera-t-il ?

D'abord, ils ne travailleront que huit heures par jour, parce que douze heures, c'est une durée excessive qui laisse trop d'intérêts en souffrance; mais en huit heures, ils feront plus et mieux qu'ils ne font aujourd'hui en douze, car, croyez-le bien, les patrons n'en ont jamais que pour leur argent.

Désormais, c'est la société et non un patron qui fixe le salaire, ou pour mieux dire, il n'y a plus de salaire; il y a le bénéfice de fin d'année, sur lequel le travailleur reçoit une avance journalière proportionnée à la valeur de ses services. C'est la société qui apprécie. Tout le bénéfice est partagé à la fin de l'année, suivant la règle établie. Il n'y a plus de récriminations possibles; le mécontent est bafoué, et s'il ne travaille pas, éliminé. Et la surveillance est facile; c'est une surveillance mutuelle, chacun ayant intérêt à ce que son voisin travaille. Plus de temps perdu, plus de gaspillage.

La cause la plus puissante, l'unique cause peut-être de l'élévation des prix, l'*insuffisance des salaires*, ayant disparu, les prix ne haussent plus; ils commencent même par baisser pour se maintenir ensuite invariables. La production gagne en qualité, les produits français recouvrent leur faveur sur les marchés étrangers, et s'ouvrent de nouveaux débouchés. Les ressources de l'Etat et des villes augmentent considérablement. Le mécontentement et la misère ont fait place chez les travailleurs, à la satisfaction et au bien-être. Plus de grèves, plus de répressions sanglantes, la question sociale est résolue !

Pourquoi n'arriverions-nous pas à ce résultat? Pourquoi n'établirions-nous pas cet ordre de choses? Nous le pouvons si nous le voulons, puisque nous possédons le suffrage universel.

Nous n'ignorons pas l'objection qu'on peut nous faire : notre République est établie sur des bases telles, que le suffrage universel peut être tenu en échec par le suffrage restreint. Il est vrai, mais pourquoi supposer que ce qui peut être sera nécessairement? La divergence de vues entre les deux Chambres est-elle donc si évidente?

Il serait étrange que deux assemblées de législateurs également français, élues dans le même temps, émanant toutes les deux du suffrage universel, différassent essentiellement d'idées, par la seule raison qu'elles en émanent à des degrés différents.

Qu'a donc voulu la Chambre des députés jusqu'à ce jour, dans l'ordre économique, qu'il soit regrettable que le Sénat n'ait pas accordé.

La question économique n'a été évoquée par elle que d'une façon très imparfaite, très partielle, comme tout ce qu'elle fait : La réduction du nombre d'heures de la journée de travail ?

Cette mesure introduite dans un régime économique édifié sur le principe du salariat, eût pu avoir un effet fâcheux, en déterminant les patrons à plus de rigueur sur le chiffre du salaire. Atteints dans leurs intérêts ils auraient réagi. Aurait-on riposté par la réglementation des salaires ? Non. Ce n'était donc pas une mesure pratique, et le Sénat a agi sagement en ne l'adoptant pas.

Est-il d'autres questions de l'ordre économique auxquelles la Chambre ait touché ? Nous ne savons, mais ce que nous savons, c'est qu'aucun projet d'ensemble n'a été mis en avant, or dans des matières aussi graves que tout ce qui touche à l'ordre économique, il n'est pas admissible qu'on ne se préoccupe pas de l'ensemble. On prétend faire de la réforme de bric et de broc, au hasard de la proposition de chacun. Ce n'est pas ainsi qu'on peut arriver à un résultat utile.

Faisons un projet de réforme économique qui

e toutes les questions, qui soit avantageux
r tous, qui ne sacrifie aucune classe d'indivi-
d et ne porte un préjudice momentané aux uns,
vue d'un bien général dont ils auront leur
par. Proposons cette réforme au pays, qu'il l'ac-
clame : que nos députés s'en fassent les fidèles
interprètes, et le Sénat n'hésitera pas, croyez-le
bien, à s'associer à ce mouvement, et la réduction
de travail à huit heures ne sera pas pour lui un
motif de rejet, s'il voit que cette condition s'allie
aux autres clauses de la réforme, pour en faire
un ensemble rationnel et satisfaisant.

La Civilisation.

Nous avons démontré que notre civilisation est
entée sur un vice originel : *l'Exploitation du
travail par le capital*. Il est intéressant de voir
comment l'auteur de l'*Essai sur la répartition
des richesses* apprécie cette situation.

Voici comment il définit la *Civilisation* (page 25) :

« La civilisation est un état de société ascendante
« où l'on rencontre les caractères suivants : l'ac-
« croissement général de la sécurité et de la li-
« berté des personnes et des transactions : le pro-
« grès incessant des sciences et des arts appli-
« qués à l'industrie ; l'accumulation continue des
« capitaux ; enfin le progrès de l'éducation géné-
« rale. Voilà les traits auxquels nous reconnai-
« trons qu'un peuple est civilisé. »

C'est une peinture fidèle de notre civilisation, ce n'est pas la définition d'une civilisation saine et durable.

Nous ne nous occupons ici que de ce qui a trait au travail et au capital. A ce point de vue il manque à cette définition une condition essentielle : à *accumulation continue des capitaux*, nous substituerions : *augmentation continue des capitaux et leur dispersion dans un nombre de mains toujours croissant*, ce qui est nécessaire pour que le nombre des misérables aille toujours en diminuant.

Il est étrange que l'auteur de l'essai sur la répartition des richesses ne juge pas cette *dispersion* des capitaux une condition essentielle de la civilisation.

Après avoir donné sa définition de la civilisation, M. Leroy de Beaulieu ajoute : « Une société « de cette nature engendre-t-elle une plus grande « ou moins grande égalité des conditions hu- « maines ? A-t-elle pour effet de développer les « deux extrêmes de la richesse et de la misère ? « Supprime-t-elle les degrés intermédiaires ? Se « résout-elle à la longue en deux classes de plus « en plus tranchées : une petite légion d'opulents « entrepreneurs, capitalistes, spéculateurs, et un « nombre infini d'hommes dépendants, vivant au « jour le jour, et soumis à une concurrence « effrénée ? »

Toutes questions auxquelles M. Leroy de Beaulieu répond *non*, et auxquelles nous répondons *oui*.

Nous n'en voulons pour preuve que les grands magasins de la Capitale, qui ont tué tant de petits commerçants, et les ont réduits à se mettre à la solde des gros.

Il est bon de parler de ces grands magasins, puisqu'on a cru voir dans ce fait un progrès.

Il est vrai que la suppression d'intermédiaires qui grèvent le prix des choses, est un bon résultat ; mais encore faudrait-il qu'il ne fût pas acquis au moyen d'une concentration de capitaux qui, en accentuant de plus en plus la dépendance des bras, crée une sorte de féodalité industrielle, qui tient tout le monde des travailleurs à sa merci.

Des associations de travailleurs auraient les avantages des grands magasins, sans en avoir les inconvénients. Elles auraient notamment l'avantage de répartir le bénéfice sur tous, tandis qu'aujourd'hui c'est le capital qui en reçoit la plus forte part.

Les grands magasins de vente ne sont donc pas un progrès dans le vrai sens du mot, mais une phase d'un régime économique vicieux, qui présente cette particularité d'offrir un avantage matériel au consommateur, tout en rivant plus étroitement la chaîne du travailleur.

Nous avons parlé tout d'abord des grands magasins de vente de la Capitale, parce qu'ils sont sous nos yeux ; mais ils ne sont pas l'exemple

3.

le plus frappant de la servitude économique que nous dénonçons, car l'esprit féodal du chef d'industrie ne peut s'y donner carrière comme dans les provinces. Il est forcément tempéré par le milieu dans lequel il vit.

Nous pourrions en dire autant des administrations centrales de nos réseaux de chemins de fer.

En somme, les exemples de cette féodalité industrielle sont aussi nombreux que nos mines et usines, et l'opinion publique doit être édifiée à ce sujet, car les tribunaux ont souvent retenti des plaintes des travailleurs, lorsque poussés à bout par les exigences insupportables de patrons qui se croient des seigneurs et maîtres, ils se sont laissés aller, en manière de protestation, à quelque acte de violence.

L'Assistance publique.

Il n'y a pas d'administration de l'assistance publique pour la France entière, et les documents sur cette question sont, paraît-il, fort difficiles à trouver, puisque l'auteur de l'*Essai sur la répartition des richesses* n'a pu se les procurer. Mais nous avons une administration de l'assistance publique pour Paris, et des chiffres qu'elle publie, il ressort que le nombre des familles assistées augmente avec le chiffre même de sa population.

Où sont donc les preuves de cette prospérité générale dont on parle si facilement ?

M. Ad. de Fontpertuis, dans un article paru le 10 mars 1883 dans l'*Economiste Français*, juge comme suit le système de l'assistance publique :

« Qu'on recueille les leçons de l'expérience,
« elles constateront que partout où l'exercice de
« la bienfaisance est devenu un devoir pour
« l'Etat, cet exercice a fait peser sur les ressources
« publiques une charge des plus lourdes et sans
« cesse croissante ; que la paresse et le désordre
« seuls ont trouvé leur compte à cet état de
« choses ; que le but n'a pas été atteint, et que
« la misère, loin de disparaître, a grandi pour
« ainsi dire, sous sa protection. Et ce résultat
« n'a pas lieu d'étonner : le propre de la charité
« légale n'est-il pas, malgré toutes les précautions
« possibles contre l'abus, de créer, en définitive,
« chez l'assisté, l'attente plus ou moins certaine
« du secours ; d'affaiblir ainsi les ressorts de la
« prévoyance, la crainte de la souffrance et le
« sentiment personnel de la responsabilité ?

L'Assistance publique ne peut donc conduire à l'extinction de la misère. Il faut avoir recours à d'autres moyens, et ces moyens ne peuvent être que des modifications à notre régime économique, qui, en assurant au travailleur le prix intégral de ses peines, lui rendront la responsabilité de son sort.

Le Socialisme d'État.

On a donné ce nom à cette sollicitude pour les prolétaires, qui se traduit par des mesures spéciales en leur faveur, telles que : allocation par l'Etat ou les communes sur les fonds dont ils disposent, de sommes destinées à favoriser la constitution de Sociétés de production, la construction de logements à bon marché, l'édification de théâtres populaires, etc., etc.

Ces pratiques sont éminemment vicieuses, parce qu'elles obèrent les finances de l'Etat ou des villes, sans espoir de retour. Elles sont du même ordre que l'Assistance publique et en ont les inconvénients.

Ce qu'il y a de plus fâcheux, c'est que la plupart de ceux qui se laissent aller à ces pratiques, en comprennent les inconvénients, mais n'ont pas le courage d'agir en conséquence. Ils sentent la nécessité de faire quelque chose pour les travailleurs, mais ne sachant quoi ni dans quelle voie s'engager, ils ont recours à des mesures sans dignité, et dont les travailleurs ne leur savent pas gré, croyez-le bien, car ce que réclame le travailleur, ce ne sont pas des secours, c'est son droit; c'est la modification d'un régime économique qui l'écrase.

Décadence du commerce extérieur de la France.

Dans une lettre publiée par l'*Economiste français* du 17 mars 1883, M. Thierry-Mieg, membre de la Société d'Economie politique, et négociant à Paris, constate : « que notre commerce extérieur « est très malade et destiné à subir une décrois « sance rapide et inévitable, si la nation tout « entière n'agit promptement et énergiquement. »

Il fait ses critiques, donne ses conseils, et dit : « La réforme législative la plus avantageuse ne « vaudra pas celle que nous ferons sur nous- « mêmes. »

En cela il se trompe; un peuple ne se réforme pas de lui-même; il faut qu'il y soit aidé, voire même contraint, par des dispositions législatives.

Pour relever le commerce extérieur de la France, le législateur doit modifier les rapports qui existent entre le travail et le capital, de telle sorte que le premier soit intéressé aussi bien que le second, à la prospérité de notre commerce et de notre industrie. Il doit substituer au salariat, la participation directe au bénéfice par l'association.

Nos progrès dans l'ordre politique, ceux de l'instruction générale, ont créé dans le monde des travailleurs, un état moral qui rend cette réforme indispensable. Le relèvement de notre nation est à ce prix.

Exposé de Principes

Résumons les principes qui nous ont guidés dans l'œuvre que nous accomplissons :

Le Droit humain.

Le droit humain nous ordonne d'avoir souci du bien-être du travailleur, et de ne pas permettre que le temps et le travail qu'il fournit, soient considérés comme une marchandise qu'on obtient au rabais si elle est abondante.

Nous n'inventons pas un droit nouveau pour les besoins de notre cause : n'est-ce pas le droit humain qu'a plaidé Jésus-Christ? N'est-ce pas au nom du droit humain que la France et tant d'autres nations ont aboli l'esclavage dans leurs colonies? Que les Etats-Unis du Nord ont fait la guerre à leurs frères du Sud? Que la Russie enfin a émancipé ses serfs?

Le droit humain, après toutes ces conquêtes, a encore matière à s'exercer. L'esclavage visible et tangible a disparu, mais la servitude économique s'y est substituée. Le travail est sans droits, sans protection. Par un travail d'une durée excessive qui ne laisse aucun temps pour la culture de l'intelligence, et restreint d'une façon déplorable la vie de famille, le travailleur ne gagne que le nécessaire pour ne pas mourir de faim ; or, l'homme qui ne gagne que le nécessaire pour ne pas mourir de faim, est condamné à une mort lente : *la mort de misère !*

Sa nourriture est insuffisante ou malsaine ; il ne répare qu'insuffisamment ses forces par un sommeil pénible dans un taudis infect ; les soins de propreté lui sont inconnus, car ils coûtent. Est-il atteint d'une légère maladie, il la néglige parce que médecins et médicaments coûtent, et, s'ils lui sont donnés gratis, ils coûtent encore par la nécessité d'aller perdre des journées dans les antichambres des médecins ; on n'a pas le moyen de perdre ce temps-là !

Une semblable négligence de toutes les conditions hygiéniques prédispose l'homme aux maladies et le livre sans défense à tous les accidents. Vienne l'affaiblissement naturel à l'âge et le prolétaire meurt misérablement sur un grabat, à l'hôpital ou dans la rue. Pour n'être pas mort d'inanition, il n'en est pas moins mort, et c'est l'insuffisance de salaire qui l'a tué.

Combien en avons-nous vu, hommes et femmes, mourir ainsi prématurément !

Il n'en serait pas ainsi, si le législateur avait toujours pris pour guide *l'amour de l'humanité,* seul sentiment capable d'inspirer les œuvres grandes et durables qui font le bonheur des peuples.

L'Expropriation.

L'expropriation pour cause d'utilité publique, est déjà inscrite dans notre droit public, mais nous en ferons des applications nouvelles.

Nous estimons que la société a le droit d'exiger que l'instrument du travail soit utilisé par celui qui le détient, et s'il ne l'utilise pas, de l'en déposséder.

De l'application de ce principe, il résultera que celui qui possède des terres n'aura pas le droit de les laisser incultes; que celui qui possède une mine, une usine, une maison de commerce, etc., n'aura pas le droit de les laisser inexploités; que celui qui possède une maison de rapport n'aura pas le droit de la laisser inhabitée sous prétexte de l'insuffisance de l'offre, et ainsi de suite.

Par contre, celui qui possède un hôtel, un parc, une maison de campagne, etc., et en général tout ce qui n'est pas instrument de travail, ne sera pas inquiété dans leur possession, ni contraint de les convertir en instrument de travail.

Ni l'État, ni la Commune.

Nous serons aussi guidés dans notre œuvre, par un principe d'un caractère tout à fait négatif. Nous ne voulons rien demander à l'Etat ou à la commune.

Nous réprouvons de toutes nos forces cette conception monstrueuse de l'Etat ou de la commune souverains dispensateurs des biens en location. L'Etat a déjà beaucoup trop d'attributions : quant à la commune, nous ne voulons pas lui donner l'omnipotence que nous refusons à l'Etat. Esclaves de la commune ou de l'Etat, c'est tout un pour nous. Nous ne reconnaissons pas de grand-prêtre, nous ne plaçons notre confiance en personne. Nous n'avons confiance que dans la puissance du vote et la vertu du principe d'association. Non cette association tyrannique des capitaux que nous voyons à l'œuvre, mais l'association franche du travail, dans laquelle le capital est un aide, et non plus un maître.

Le droit du Législateur est sans limites.

Nous nous sommes aussi inspiré des principes suivants :

Tous les arrangements sociaux sont susceptibles de modifications.

M. Stanley Jevons, dans *The state in relation with labour*, dit : « Le premier effort que nous « ayons à faire, c'est de débarrasser nos esprits « de l'idée qu'en matière sociale, il y ait des « droits abstraits, des principes absolus, des lois « permanentes ; quelque chose, en un mot, qui « soit d'une nature inflexible. » Et plus loin :

« Il n'existe point de lois, de coutumes, de droits
« de propriété si sacrés qu'on ne puisse y passer
« outre, pour peu qu'il soit évident qu'ils font
« obstacle au bonheur général. »

Dans *la Philanthropie scientifique*, parue dans
la *Revue des Deux-Mondes* du 15 septembre 1882,
M. Alfred Fouillée, membre correspondant de
l'Académie des sciences morales et politiques,
paraît aussi reconnaître le vice de notre régime
économique, quand il dit : « Dans la société ac-
« tuelle, les capitaux ne manquent pas, mais tous
« les hommes n'en ont pas leur part. Cet état de
« choses est l'effet inévitable des lois économi-
« ques » et il pense qu'il y a lieu à intervention
« d'une *justice réparatrice* ».

Que le législateur ne doive toucher aux arrangements sociaux qu'avec une grande circonspec-
tion, cela ne fait pas de doute ; mais *circonspec-
tion*, suivant nous, ne veut pas dire *timidement*
ou *le moins possible*, il signifie : *quand il n'est
pas douteux que la masse souffre, que la cause
de ses souffrances est connue et que les moyens
d'y remédier sont prêts.*

Alors, le législateur doit agir résolument. On
ne guérit pas un mal social par des tâtonnements
ou demi-mesures, car, à l'ordre établi sur le vice
existant, on substitue le désordre sans avoir fait
disparaître le vice.

Il faut donc que tout ait été prévu et qu'en
même temps que la réforme est annoncée, le nou-

vel ordre de choses apparaisse si clairement aux yeux de tous, que chacun comprenne son rôle et se mette à l'œuvre sans hésitation.

Avertissement au lecteur.

Nous avertissons le lecteur que nous n'avons pas de prétention à la science du jurisconsulte. Qu'il veuille donc bien regarder ce travail comme un simple essai, à tous les points de vue.

Le seul mérite auquel nous prétendions, c'est d'aimer notre pays, c'est de vouloir lui épargner ces commotions profondes qui l'assaillent périodiquement, se terminent toujours par des tueries abominables et portent un si grand préjudice aux intérêts de tous ; c'est enfin de vouloir l'arracher à cette décadence qui le menace, et dont l'arrêt dans l'accroissement de sa population est un signe manifeste.

Dans ce but, nous nous sommes efforcés de mettre en lumière quelques vérités qui, reconnues, faciliteront croyons-nous grandement la solution du problème.

Quant à notre projet de réforme en lui-même, il est, sans nul doute, très incomplet, mal agencé, obscur peut-être ; aussi, ne le donnons-nous pas pour parfait.

Nous sollicitons, au contraire, tous ceux qu'animent les mêmes sentiments d'humanité et de pa-

CHAPITRE II

ORGANISATION DU TRAVAIL

Le Travail.

Le travail humain ne peut être assimilé à une marchandise, et soumis à la loi de l'offre et de la demande.

Tout homme qui demande à un autre homme son temps et sa peine, assume la responsabilité de son existence et lui doit :

1° La subsistance, c'est-à-dire le gîte et les vivres ;

2° Une rémunération proportionnée à la qualité de ses services.

Cette rémunération qui, dans l'ordre de choses actuel a nom *salaire*, prendra le nom d'*avance* dans les associations de travailleurs dont nous traçons plus loin les règles.

La Subsistance.

La subsistance est due aux travailleurs des deux sexes pour tous les jours ouvrables ou

4.

fériés, à dater de leur premier jour de travail, et pour la journée qui suit immédiatement la cessation du travail, quel qu'en soit le motif.

Elle se compose de :

Quatre cents grammes de bœuf, nets d'issues ;

Sept cent cinquante grammes de pain 1re qualité ;

Légumes, épices ;

Un litre de vin bonne qualité (1) :

Logement salubre et bon lit.

La subsistance est fournie en nature ou payée en argent.

Elle ne peut être fournie en nature que si cette condition a été posée et acceptée par le travailleur entrant en fonctions.

La subsistance n'est due qu'au travailleur astreint à un certain nombre d'heures de travail par jour, et dont le travail s'accomplit sur des terrains ou dans des locaux appartenant à l'employeur, ou loués par lui, ou dont l'occupation lui est concédée pour ses travaux.

La journée de subsistance est payée entière, quel que soit l'âge du travailleur.

Les journées de subsistance sont payées tous les samedis.

Le prix de la journée de subsistance est fixé

___

(1) Dans les contrées où le vin n'est pas la boisson le plus généralement en usage, il sera remplacé dans l'estimation du prix de la subsistance, par la valeur de la quantité de bière ou de cidre que les gens du pays ont l'habitude de consommer.

par le Conseil municipal de chaque commune, le 1ᵉʳ janvier et le 1ᵉʳ juillet de chaque année, d'après le prix courant des choses dans la commune.

La subsistance du travailleur est considérée comme dépense inhérente à l'exploitation, au même titre que les matières premières. Elle n'est pas sujette à répétition.

La Journée de travail.

La durée de la journée de travail, dans quelque métier que ce soit, et dans quelque condition que le travail s'accomplisse, sous le régime du patronat ou sous celui de l'association telle que l'institue la présente loi, est de huit heures sur vingt-quatre (1).

Le Carnet de travail.

Toute personne qui emploie des travailleurs,

(1) La journée de douze heures est une servitude insupportable. Elle restreint la vie de famille d'une façon inhumaine et fait obstacle aux progrès intellectuels de l'homme.

Du reste, pour qui a fréquenté bureaux et ateliers, il n'est pas douteux que le travail fourni en huit heures par des hommes travaillant pour eux-mêmes, ne soit suffisant pour faire à la fois, et plus et mieux que ne font les mêmes hommes travaillant douze heures par jour pour un patron.

Il y a donc une grande déperdition de forces dans le régime patronat et salaire.

L'emploi de ces forces perdues, l'économie des matières premières, de l'outillage et des frais généraux, seront la grande cause de succès de nos associations de travailleurs.

fait usage de carnets à souche, dont elle délivre les feuillets à ceux-ci en les payant.

Les feuillets détachés des carnets portent le nom, l'adresse, la qualité de l'employeur (individu ou société). Ils disent la nature du travail, le nombre de journées de subsistance, le nombre de journées de travail faites, la somme payée pour les unes et les autres.

Ces feuillets sont la propriété du travailleur.

Nul agent de l'autorité n'a le droit d'en exiger la présentation et d'y apposer son visa.

La loi du 22 juin 1854 instituant le livret d'ouvrier est et demeure abrogée.

Tout employeur est tenu à la réquisition du maire, de présenter aux personnes commises à cet effet, les souches des carnets dont il a dû délivrer les feuillets aux travailleurs qu'il emploie.

Salaire ou Avance.

Le salaire est fixé de gré à gré entre les patrons et leurs employés.

L'avance, dans les associations de travailleurs, est déterminée par un vote de l'Assemblée générale.

L'Association.

Les Sociétés de production qui se sont formées jusqu'à ce jour, soit en France, soit en Angleterre, ont toutes échoué ou traînent une existence pénible.

Pourquoi n'ont-elles pas prospéré? Parce qu'elles ont dû lutter à armes inégales contre le patronat, fort du capital qu'il possède et de la loi qui le protège; tandis qu'elles avaient contre elles l'exiguïté des ressources et le défaut d'organisation qui enfante les dissensions intestines.

Nous allons leur donner une organisation capable de les protéger contre elles-mêmes, et si nous ne leur donnons pas le capital qui leur manque, nous établirons du moins un ordre de choses qui leur permettra de le constituer rapidement.

Les associations de travailleurs se forment sur les bases suivantes :

Les travailleurs des deux sexes sont, de droit, membres de l'Association dès l'âge de dix-huit ans.

Il ne peut être admis de sociétaire qui ne soit travailleur, ou manuel ou intellectuel.

Chaque associé fournit, soit par un versement en espèces, soit par l'abandon de ses dividendes jusqu'à parfait payement, une part du Capital social, proportionnelle à la somme qui lui est dévolue comme *avance* (1).

Un carnet à souche, dont les feuillets sont délivrés aux sociétaires, constate leurs versements successifs au Capital social.

Le Capital social n'a pour limites que les besoins de la Société; besoins dont elle est seule juge.

____

(1) Nous consacrons plus loin un chapitre spécial à l'*avance*.

Il n'est pas productif d'intérêts.

Les parts de Capital peuvent être cédées par des sociétaires sortants, à des sociétaires entrants.

Ce genre d'association prend le nom de *Sociale*, suivi de telle indication qui conviendra aux intéressés.

Les sociales qui comptent au moins cent membres jouissent de la personnalité civile.

La mise en vedette d'un nom dans la raison sociale, ne confère à l'individu ni charge ni privilège d'aucune sorte.

Les membres d'une sociale ne peuvent être frappés d'aucune taxe particulière, en raison de leur qualité d'associés.

Les sociales peuvent avoir recours à l'emprunt dans les conditions qui seront déterminées plus loin.

Elles sont gérées par l'assemblée générale de leurs membres.

Elles sont soumises aux prescriptions de la loi en ce qui concerne la subsistance, le carnet de travail et la durée de la journée de travail.

Indépendamment de la subsistance, les membres d'une sociale reçoivent pour chaque journée de travail, une *avance* sur le dividende de fin d'année.

L'Avance.

L'avance est une appréciation de l'importance des services de chacun dans l'exploitation entreprise en commun. Elle détermine la part de bénéfice à laquelle chacun a droit, et la proportion dans laquelle il doit participer à la constitution du capital.

Contrairement à la subsistance qui est la même pour tous, l'avance diffère suivant la valeur des services de chacun.

L'importance de l'avance est bien plus dans la proportion qu'elle établit entre les travailleurs, en vue de la répartition du bénéfice, que dans la ressource journalière qu'elle leur fournit.

L'avance de chacun doit être faible, afin que le total des avances de tous soit lui-même peu élevé et n'expose pas la Société à la nécessité de reprendre tout ou partie des avances faites.

La fixation de l'avance est donc l'opération maîtresse de l'association. — Il y sera procédé comme il est dit plus loin.

L'avance est en principe la même pour tous les travailleurs d'une même fonction; mais si quelques-uns excellent dans leur métier, ils sont l'objet d'une mesure spéciale.

L'avance obligeant le sociétaire à fournir une part de capital proportionnelle, celui qui n'a pas fait le versement au capital auquel l'obligeait son avance, ne peut obtenir une augmentation de cette avance.

Si le président et le directeur n'ont pas de profession autre que celle d'administrateur, si, dépossédés de ces fonctions, ils n'ont plus de place dans l'association, ils reçoivent une avance égale à celle de l'une des fonctions de l'exploitation, à la décision de l'assemblée générale.

L'avance est sujette à répétition, comme le bénéfice lui-même dont elle est une fraction.

L'Assemblée générale.

L'assemblée générale se compose de cent membres au plus.

Si le nombre des membres de l'association dépasse cent, ou si leur dispersion en fait une nécessité, chaque groupe naturellement indiqué par la nature de ses occupations ou par le lieu de travail, tient une réunion préparatoire dans laquelle il agite les questions à l'ordre du jour, et nomme un délégué à l'assemblée générale. Il en nomme deux si les avis sont partagés.

Les séances de l'assemblée générale sont publiques pour les sociétaires, mais le temps qu'ils y passent ne leur est pas compté comme travail s'ils n'y sont pas délégués.

L'Assemblée générale prend ses décisions à la majorité absolue des voix, chaque délégué de groupe comptant pour le nombre de voix qu'il représente.

En cas de partage des voix, celle du président est prépondérante.

Les votes se font au moyen de bulletins portant

le nom du votant, sa fonction et le nombre de voix qu'il représente.

Le vote par assis et levé ne peut être employé que si les sociétaires sont disposés dans la salle des séances, de manière que la place qu'ils y occupent soit une indication précise du nombre des voix qu'ils représentent.

L'assemblée ne peut rien retrancher de l'ordre du jour arrêté à l'avance, mais elle peut y ajouter et donner la priorité aux propositions qu'elle y ajoute.

L'assemblée générale est convoquée de droit deux mois au plus tard après la clôture de l'exercice, et de quatre mois en quatre mois, soit en tout trois séances ordinaires par année.

Les séances de l'assemblée générale se tiennent de préférence le dimanche.

L'assemblée générale élit un président et un directeur.

L'élection du président est renouvelable à chaque séance ordinaire, si trois sociétaires siégeants (1) en font la demande.

Le président en fonction est rééligible.

Le directeur est élu pour une année. Il est rééligible.

Le sociétaire qui n'a pas versé sa part entière de capital, ne peut être élu ni président, ni directeur.

______

(1) Ne sont pas siégeants ceux qui ne font pas partie des cent membres de l'assemblée.

Au début de chaque séance, l'assemblée désigne deux de ses membres pour assister le président en qualité de secrétaires.

Les secrétaires dressent le procès-verbal de la séance, et le couchent sur un registre que le président signe avec eux.

Attributions de l'Assemblée générale.

L'assemblée générale vote les statuts. Ils sont revisables d'année en année. Elle fait son règlement. Elle nomme un ou plusieurs adjoints au directeur, si l'importance de l'exploitation l'exige.

Si le nombre des sociétaires dépasse cent, elle arrête la division par groupes. Elle fixe le chiffre de l'avance de chacun. Elle reçoit par les soins du président et du directeur, communication de tout ce qui peut l'intéresser.

Le cas d'accusation de sociétaire à sociétaire, relève de l'assemblée générale, s'il s'est manifesté en séance ou par écrit. L'examen en est fait suivant les règles précises qui sont indiquées plus loin.

Le Président.

Le président a le pas sur le directeur.

Il est le gardien des prérogatives de l'assemblée générale.

Il dirige les délibérations avec l'attention nécessaire pour que les sociétaires, gens en général peu faits aux us parlementaires, en fassent l'heureux apprentissage.

Il veille notamment à ce que la discussion ne dévie pas de son objet; que rien ne se fasse qu'avec calme et régularité, et que nul vote n'ait lieu sans que la position de la question ait été bien comprise.

Le président a le droit de suspendre l'effet d'une décision de l'assemblée, jusqu'à une prochaine séance dans laquelle la proposition dont il s'agit, sera mise à nouveau en délibération. Il ne prend cette résolution qu'après en avoir conféré avec le Directeur, les chefs de service et d'atelier. Il n'est pas obligé, toutefois, de se conformer à l'opinion générale de ceux qu'il consulte.

Le veto doit être prononcé dans les cinq jours qui suivent la décision dont il suspend les effets. Il est porté à la connaissance de la société, par une affiche qui fixe en même temps la prochaine séance à un mois au plus tard.

Le veto ne peut être appliqué deux fois à la même décision.

En tout temps et quel qu'en soit le motif, le président a le droit de faire convoquer l'assemblée générale en séance extraordinaire, et d'arrêter l'ordre du jour de cette séance.

Si l'importance et la situation financière de l'association le permettent, le président reçoit des frais de représentation, indépendamment de la subsistance, de l'avance et de la part de bénéfice à laquelle lui donne droit cette avance.

Le Directeur.

Le directeur gouverne les affaires de la société, ou seul ou avec l'aide d'adjoints. Il s'éclaire de leurs conseils, s'aide de leur coopération, mais toute décision lui appartient.

Il veille à la tenue régulière des écritures, prépare les travaux de l'assemblée générale, arrête son ordre du jour d'accord avec le président, et le fait afficher huit jours à l'avance dans tous les lieux de travail de l'association.

Il fait afficher de même les décisions les plus importantes de l'assemblée, telles que la division des sociétaires par groupes pour la représentation à l'assemblée générale, le tableau des avances journalières, la répartition du bénéfice en fin d'exercice.

Le directeur donne communication à l'assemblée générale de tout ce qui peut l'intéresser.

Il ne peut convoquer l'assemblée en séance extraordinaire sans l'agrément du président.

Le directeur est tenu de déférer à tout désir d'explications qui lui serait exprimé par des sociétaires. A cet effet, une heure (1) est fixée par

---

(1) Le mot *heure* n'est pas employé ici dans le sens limitatif. L'heure désignée est celle du commencement de la séance d'audition et d'explication, laquelle devra se prolonger autant qu'il sera nécessaire pour donner satisfaction aux questionneurs.

quinzaine, pour donner satisfaction à ces demandes. Il n'est pas nécessaire que la demande d'explication ait été formulée à l'avance et par écrit ; elle peut se produire inopinément à l'heure fixée pour l'examen de ces demandes.

Quel que soit le nombre des questionneurs, ils ne peuvent être entendus que deux par deux.

Le président assiste à ces colloques.

Les statuts disent quelle nature de décisions le directeur peut prendre sous sa responsabilité, et dans quels cas il doit en référer à l'assemblée générale.

Le directeur ne peut modifier la situation d'un sociétaire, déterminée par une décision de l'assemblée générale, réduire ou augmenter son avance, lui interdire le travail, etc. Cependant, dans une circonstance urgente il peut, sur la demande ou avec l'approbation des compagnons de travail d'un sociétaire, prendre à l'égard de celui-ci, telle décision qu'il jugera convenable, à charge par lui d'en informer immédiatement le président, et d'en rendre compte à la prochaine assemblée générale.

Le directeur reçoit une indemnité mensuelle, indépendamment de la subsistance, de l'avance, et de la part de bénéfice à laquelle lui donne droit cette avance.

Règlement des questions d'intérêt.

Lorsqu'une Sociale se forme, deux assemblées

5.

générales sont tenues à trois jours d'intervalle, pour résoudre les questions d'intérêt :

Frais de représentation du président ;

Indemnité mensuelle du directeur ;

Fixation de l'avance pour chaque fonction.

Première Assemblée.

L'assemblée générale commence par nommer son président, s'il ne l'est déjà.

Le président, après avoir ouvert la séance, invite l'assemblée à désigner un président pour le remplacer momentanément. Ceci fait, le président et le directeur se retirent hors de la salle.

Le président *ad hoc* ouvre la discussion sur les frais de représentation du Président et l'indemnité du directeur.

Quand la question lui paraît suffisamment éclairée, il met la clôture aux voix et fait procéder au vote.

Le résultat du dépouillement est inscrit sur un tableau placé de façon que les assistants puissent le voir facilement. Le directeur et le président avertis, rentrent en séance.

Le Président met en discussion le chiffre total des avances à faire dans le courant de l'année. Il pose en principe que ce chiffre ne doit pas dépasser la moitié du bénéfice probable. Le président et le directeur, qui se sont mis d'accord à l'avance sur cette question, donnent leur chiffre et s'efforcent d'y rallier l'assemblée.

Le total des avances à faire dans l'année ayant été fixé par un vote, le président en déduit la moyenne de l'avance par homme et par jour, en comptant sur 300 jours de travail dans l'année.

Il inscrit ce chiffre au tableau.

Le président rappelle que l'avance, en déterminant la part de bénéfice de chacun, détermine en même temps la proportion dans laquelle il participera à la formation du capital. Il fait remarquer que l'avance doit être proportionnée à l'habileté, aux connaissances acquises qu'exige la fonction, et qu'il faut tenir compte du plus ou moins de facilité qu'il peut y avoir à se procurer des travailleurs de cette habileté, ou ayant ces connaissances.

Voici, dira-t-il, le chiffre moyen de l'avance par homme et par jour, tel qu'il ressort de votre vote ; vous allez en causer entre vous, et demain vous me remettrez, sous pli fermé, le chiffre de l'avance à laquelle vous prétendez dans chaque fonction. Ce chiffre sera au-dessous ou au-dessus du chiffre moyen, ou bien il sera ce chiffre moyen lui-même.

Le bulletin que vous me remettrez portera les indications suivantes :

La fonction ;

Le nombre de sociétaires remplissant cette fonction ;

Le chiffre de l'avance demandée.

Ceci dit, le président remet la suite des opérations au surlendemain et lève la séance.

Dans l'intervalle des deux assemblées, le Président tient conseil avec le directeur, consulte l'un, l'autre, en un mot prend ses renseignements et se fait une liste des avances. Cette liste sera pour lui un utile auxiliaire dans la délibération qui doit s'ouvrir le lendemain.

Ayant reçu la demande de chaque fonction sous pli fermé, le Président en prend connaissance et remplit de sa main la colonne réservée à cet effet sur sa liste des avances. Il ne communique à personne les demandes des diverses fonctions. En séance même, il n'en fera connaître que le total.

Deuxième Assemblée.

Le président ouvre la séance et dit : les avances demandées s'élèvent à ..., la somme à répartir ayant été arrêtée par vous à ...., les avances demandées doivent être réduites.

Nous allons délibérer successivement sur l'avance de chaque fonction en l'absence des intéressés. Commençons par le tirage au sort des fonctions, pour déterminer dans quel ordre nous procéderons (1).

(1) Ce tirage au sort importe, parce que si l'ordre de délibération était arrêté arbitrairement par le président, il pourrait être interprété comme établissant le degré d'exagération des demandes à

Une liste des diverses fonctions est dressée par le président, dans l'ordre déterminé par le sort.

Les sociétaires de la fonction qui est en tête, sortent de la salle des séances. L'assemblée délibère et fixe le chiffre de leur avance.

Le président note ce résultat sur le tableau, fait rappeler les absents et passe à la fonction suivante.

Nouvelle délibération en l'absence des intéressés, nouveau vote, et ainsi de suite jusqu'à épuisement des fonctions.

Les bulletins de vote sont mis de côté avec ordre, après chaque vote, afin de pouvoir être consultés si une réclamation se produisait. Ils sont détruits à la fin des opérations.

La série des fonctions étant épuisée, si le total des avances votées est encore supérieur au chiffre voulu, l'opération se continue avec la même discrétion, par le procédé suivant :

Le président invite les assistants à désigner la fonction dont l'avance leur paraît devoir être réduite.

---

son point de vue; or, il faut que les votes résultent d'une libre discussion, et non d'une idée préconçue ou imposée. Le président, certes, aura le droit comme tous d'émettre son avis sur l'importance de chaque fonction, et l'avance dont il convient de la doter, mais ce sera une opinion motivée. Il ne serait pas bon qu'il parût vouloir agir autoritairement. Ce serait très contraire à l'esprit de l'institution, et ce n'est qu'en se maintenant scrupuleusement dans cet esprit, qu'on lui assurera son plein succès.

La fonction désignée le plus grand nombre de fois sort de la salle des séances, et l'assemblée délibère.

Cette opération se renouvelle autant de fois qu'il est nécessaire pour arriver au résultat voulu, c'est à dire au chiffre total des avancés, arrêté préalablement par l'assemblée.

Si l'avance attribuée au président est mise en cause, il se retire après avoir fait nommer un président *ad hoc*.

Dans cette série de votes, il sera toujours tenu compte du nombre de voix représentées par la fonction sur l'avance de laquelle on délibère, et ces voix seront comptées comme opposantes à la réduction demandée. Exemple : Si les sociétaires sont 240, dont 192 dans la salle ou représentés par ceux qui sont dans la salle, et 48 hors de la salle, parce qu'ils sont de la fonction dont on s'occupe, la majorité n'en sera pas moins de 121 voix ; il faudra que 121 voix sur 192 se prononcent pour un chiffre pour que ce chiffre soit adopté.

Le tact du président, l'influence dont il jouit seront, avec la méthode indiquée, les sûrs garants d'une solution satisfaisante et aussi rapide que possible des questions d'intérêt.

Quelque longue que puisse être l'opération, il ne faut pas regretter le temps qu'elle exigera, puisqu'elle aura l'avantage de régler ces questions épineuses une fois pour toutes.

Il ne pourra, en effet, être question par la suite, que de modifications partielles des avances, pour récompenser l'habileté de quelques-uns.

Quant à une modification générale des avances, elle ne pourrait être motivée que par un accroissement ou une diminution notables du bénéfice prévu, et, dans ce cas, l'augmentation ou la diminution proportionnelle de toutes les avances, ne pourrait donner lieu à aucune difficulté.

Le Bénéfice.

Il ne peut être exercé de prélèvement sur le bénéfice de la société, même au profit de tous, s'il n'a été préalablement consenti en assemblée générale.

La répartition du bénéfice se fait à la fin de l'exercice, proportionnellement à l'avance et au nombre de journées de travail de chacun.

Si le résultat est tel qu'il n'y ait rien à répartir, et qu'au contraire le total des avances faites dépasse le bénéfice réalisé, chaque sociétaire est tenu de rapporter une partie de l'avance qu'il a reçue.

Cette reprise se fait proportionnellement aux sommes payées à titre d'avance.

Si au lieu de bénéfice il y a déficit, la reprise s'étend au bénéfice des années précédentes.

Dans aucun cas, il ne peut être exercé de reprise sur les sommes payées à titre de subsistance.

Appel aux Capitaux.

L'appel public aux capitaux est soumis aux règles suivantes :

L'emprunt ne peut être contracté pour plus de vingt-cinq ans.

Les titres émis donnent droit à un intérêt fixe.

Ils sont remboursables par annuités, à partir de la quatrième année.

Un tirage au sort indique chaque année les titres à rembourser.

Le remboursement se fait au même chiffre que l'émission.

L'emprunt pour plus de vingt-cinq ans ou pour un temps indéfini, sans clause de remboursement, est un privilège réservé à l'Etat ou aux communes et aux entreprises d'utilité publique, avec autorisation de l'Etat.

Tout engagement de ce genre pris par des particuliers ou par des sociétés privées, est nul de plein droit.

Est également nul de plein droit, l'engagement de payer un intérêt variable, augmentant ou diminuant avec les bénéfices de l'entreprise, privilège aujourd'hui dévolu à *l'action* (1).

L'emprunt avec lots et tirage au sort, est sévèrement interdit aux entreprises particulières.

(1) *L'action*, par son droit à tout le bénéfice, a fait prédominer dans les conseils un esprit de cupidité très préjudiciable aux travailleurs et aux intérêts généraux de la société. — Elle ne saurait trouver place dans un régime destiné à protéger le travail.

Il est autorisé pour les communes et les entreprises reconnues d'utilité publique, dans les conditions qui seront énoncées au chapitre spécial à ces entreprises.

Accusation de sociétaire à sociétaire.

Toute accusation portée par un sociétaire contre un autre sociétaire, soit par écrit soit en assemblée générale, lui attribuant des agissements coupables dans les fonctions qu'il exerce, donne lieu aux mesures suivantes :

Le président suspend de ses fonctions le sociétaire inculpé, et fait convoquer l'assemblée générale dans le plus bref délai.

En séance, le président après avoir donné connaissance de l'accusation, interpelle l'accusé en ces termes :

« Un tel, vous reconnaissez-vous coupable ? »

Le sociétaire inculpé, sans entrer dans aucune explication, répond par ces seuls mots :

« *Oui* » (son absence de l'assemblée équivaudrait à un aveu de culpabilité),

Ou : « *non, je demande une enquête.* »

Dans le premier cas, le président prononce l'exclusion du coupable de la société, et charge le directeur de donner à l'incident, la suite qu'il comporte.

Dans le second cas, l'assemblée nomme un comité d'enquête de trois membres.

Le comité d'enquête porte ses investigations partout où il le juge convenable. Il entend l'accusé dans sa défense, fait son rapport et l'adresse au président qui, après en avoir pris connaissance, le transmet au directeur avec ses observations.

Le directeur fait connaître les conclusions du rapport, par une affiche signée : Le Président.

Si les conclusions du rapport sont favorables sans réserve à l'accusé, l'affiche se termine par ces mots :

En conséquence, aux termes de la loi et au nom de l'assemblée générale, un tel (l'accusateur) est exclu de la société.

Si les conclusions du rapport sont au contraire défavorables à l'accusé, l'affiche se termine par ces mots :

En conséquence, aux termes de la loi et au nom de l'assemblée générale, un tel (l'accusé) est exclu de la société.

Si les conclusions du rapport sont telles qu'elles ne comportent aucune de ces solutions extrêmes, le président réunit en conseil le directeur et ses adjoints, les chefs de service et d'ateliers ou chantiers et leur soumet la question.

Le conseil, après avoir entendu les enquêteurs, voire même l'accusé s'il le juge à propos, prend telle décision qu'il juge convenable, et compte en est rendu à la société, soit par voie d'affiche, soit en assemblée générale.

Dans ce conseil comme en assemblée générale,

si les avis sont partagés, la voix du président est prépondérante.

Sociétaires sortants.

Le sociétaire qui veut cesser de faire partie de l'association fait consigner sa déclaration sur son feuillet de paye.

Le sociétaire qui cesse de faire partie de l'association, soit par l'effet de sa volonté, soit par suite de décision de l'assemblée générale, ne reçoit sa part de bénéfice qu'à l'époque habituelle de la répartition.

Il n'est remboursé de sa part de capital qu'en fin d'exercice, et six mois après sa déclaration de départ ou après que son expulsion lui a été signifiée.

Il a droit à l'intérêt cinq pour cent de cette part, à dater du jour de sa radiation de la société.

Infractions à la loi.

Il n'y a pas de peines à édicter pour inobservation par les sociales de telle ou telle prescription de la loi, parce que dans le gouvernement de tous par tous, les intérêts individuels ne courent aucun danger.

Mais il pourrait arriver que le principe même de la loi fut méconnu. Il serait possible qu'une sociale méconnaissant l'importance des règles établies et qui sont la garantie de tous, abdiquât le pouvoir que la loi lui assure, et se départit au profit d'un seul, de la souveraineté qui appartient à tous. —

C'est là ce que nous devons prévoir et empêcher.

Il s'agit de former des mœurs nouvelles, les mœurs du travail libre, et pour cela, il est nécessaire d'imposer les règles dont un peuple imbu de l'esprit de servitude pourrait ne pas comprendre toute la valeur.

En conséquence, si une assemblée générale soit par abstention, soit par un vote formel, sanctionne des agissements contraires aux règles fondamentales de l'association, le sociétaire qui déplore cet état de choses, en donne avis au maire.

Celui-ci nomme un commissaire qu'il charge de visiter le président de la société délinquante, ainsi que d'autres sociétaires s'il le juge bon.

Le commissaire s'efforce de ramener la société à la stricte observation des règles tutélaires de l'association et emporte la promesse que satisfaction sera donnée à la loi.

Si le commissaire délégué du maire n'est pas bien accueilli, ou si les promesses qui lui sont faites ne sont pas tenues, le maire en donne avis au juge de paix.

Celui ainsi mis en demeure, constate l'Etat de choses signalé, et s'il reconnaît le bien fondé de la plainte, requiert l'expropriation.

L'expropriation ayant été prononcée, l'instrument de travail (1) est mis en adjudication, sauf le sol qui devint la propriété de la commune.

Les sociales sont seules admises à concourir à l'adjudication.

Le prix de l'adjudication est acquis à la sociale dépossédée ou à ses créanciers.

La Commune.

Dans le chapitre précédent et dans divers autres passages de ce travail, nous instituons la commune propriétaire de terres dont nous dépossédons les détenteurs.

Disons de quelle nature est la propriété dont nous investissons la commune.

C'est une propriété toute nominale qui ne lui confère aucun droit.

Elle n'a le droit ni de vendre, ni de louer, ni de faire valoir par elle-même.

Son rôle est absolument passif.

Elle a cependant un devoir à remplir, c'est de tenir bonne note des parcelles du sol dont elle est ainsi dotée, et de veiller à ce que leurs détenteurs n'en usent que selon les conditions qui leur ont été imposées.

(1) Par *instrument de travail*, nous entendons tout ce qui sert à l'exploitation : les constructions, le matériel, la comptabilité. — C'est aussi les concessions, privilèges, contrats et loyers donnant droit à l'exploitation, ou aidant à cette exploitation.

O.

Soit qu'ils l'aient payée ou qu'il ne l'aient pas payée, les détenteurs de la terre en payent l'impôt, et la commune est indemne de toute charge à cet égard.

Propriété agricole.

La propriété de la terre est très morcelée en France, et ce morcellement met les petits propriétaires, de beaucoup les plus nombreux, dans l'impossibilité de faire usage des procédés d'exploitation perfectionnés qu'emploient les gros propriétaires, parce qu'ils exigeraient une dépense que ne justifie pas la petite étendue de leurs terres.

Les grandes propriétés agricoles se constitueront facilement en sociales parce qu'elles possèdent tous les éléments du succès : grande étendue de terres, établissements d'exploitation appropriées, outillage perfectionné.

Mais les petits propriétaires qui n'ont que leurs bras et les outils rudimentaires, auraient bien de la peine à former des sociétés. La difficulté de se grouper et de s'entendre, l'absence des premiers fonds pour acheter l'outillage et créer les établissements nécessaires à une grande exploitation, seraient autant d'obstacles difficiles à surmonter.

Nous avons songé à obvier à cet inconvénient, en facilitant l'adjonction des petites propriétés aux grandes.

Une Sociale déjà formée ne peut que trouver avantage à ajouter aux terres qu'elle exploite, celles qui l'avoisinent immédiatement, et les propriétaires de ces terres trouveront dans cette combinaison, une existence aisée et exempte de soucis, au lieu de l'existence difficile et souvent misérable qu'ils traînaient comme propriétaires.

Dispositions particulières aux associations agricoles.

Les Sociales qui se sont formées pour l'exploitation de propriétés agricoles, sont, après deux ans de fonctionnement, soumises à l'obligation d'admettre dans leur société, avec les travailleurs qu'elles comportent, les terres avoisinant immédiatement les leurs, si les propriétaires de ces terres en font la demande.

L'association devient propriétaire des terres, ainsi adjointes. Les travailleurs qui y sont attachés, jouissent des mêmes droits et sont soumis aux mêmes obligations que les autres sociétaires, avec cette différence que la cession de leurs terres leur tient lieu de versement au capital social.

Les demandes d'adjonction doivent être formées trois mois au moins, avant la fin de l'année commerciale de la société.

Une demande de ce genre s'étant produite, le président de la Sociale nomme une commission de trois membres, qui a pour mission de préparer l'acte d'adjonction.

Cet acte dit l'étendue et la nature des terres, les constructions qui s'y trouvent, l'état du matériel, le bétail, les chevaux, les engrais, etc., estime le tout et fixe en conséquence l'avance dont sera doté chacun des travailleurs de la terre offerte.

L'acte d'adjonction est soumis à l'assemblée générale qui l'approuve s'il y a lieu, et autorise son président à le signer.

La sociale n'est pas tenue d'employer les travailleurs des terres adjointes, sur ces terres elles-mêmes, à moins que cela ait été stipulé dans l'acte d'adjonction.

Si l'accord ne peut se faire sur les conditions de l'adjonction demandée, le juge de paix nomme un arbitre, et sur le rapport de cet arbitre, dit à quelles conditions l'adjonction se fera.

Si le demandeur repousse ces conditions, l'adjonction ne peut avoir lieu. Les choses restent en l'état.

Si c'est, au contraire, la société agricole qui n'accepte pas, l'affaire est portée devant une Cour d'appel instituée à cet effet.

Les décisions de la Cour d'appel obligent la société, mais non le demandeur qui est toujours libre de retirer sa demande.

Droit successoral chez les Sociales.

Dans une association de travailleurs, le droit successoral s'exerce : 1° Sur tout ce qui est la propriété particulière du sociétaire décédé : subsistance, avance journalière, dividende de fin d'année, sommes versées au capital ou à des caisses particulières (à moins que les statuts ne disent qu'il en sera autrement) ;

2° Sur les propriétés mobilières et immobilières de l'association.

Le droit successoral ne peut donner lieu à la vente et au partage de ces dernières.

A la fin de l'exercice et le bilan ayant été dressé, la société apprécie la part du sociétaire décédé dans les valeurs indivises.

Cette part est proportionnelle à la somme versée par lui au capital et à son ancienneté dans l'association.

Il est fait un total des sommes dues à la succession du sociétaire décédé. Partie de cette somme est payée de suite, partie six mois après.

Cette seconde partie de la somme due, produit des intérêts à raison de 5 0/0 l'an.

Mise en œuvre de la loi du travail.

A dater de la promulgation de la loi, aucune société ne pourra se former sur des bases autres que celles de la Sociale.

Les exploitations en cours avant la promulgation de la loi, qui sont gérées par des individus isolés, par des sociétés en nom collectif, en commandite ou anonymes, ne sont pas tenues de se transformer en Sociales, mais elles doivent se conformer aux prescriptions de la loi, relatives à la subsistance, au carnet de travail et à la durée de la journée de travail.

Elles ne peuvent faire de nouveaux appels aux capitaux, que dans les conditions fixées par la présente loi.

Pénalités.

Les juges de paix connaissent de toute première plainte contre l'employeur (individu ou société), pour infractions aux prescriptions de la loi concernant la subsistance, le carnet de travail, la durée de la journée de travail et l'appel aux capitaux.

Les récidives sont déférées aux tribunaux de première instance.

Toute première infraction à la loi est punie d'une amende de deux cents à quatre mille francs.

L'article 463 du code pénal n'est pas applicable à ces différents cas.

S'il y a récidive, le tribunal prononce l'expropriation de l'instrument de travail.

Tout patron (individu ou société) qui détruit, fait disparaître ou laisse périr faute de soins, tout ou partie de l'instrument de travail, encourt l'expropriation (1).

Toutes fois que l'expropriation est prononcée, l'objet exproprié est mis en adjudication, sauf le sol qui devient la propriété de la commune.

Les Sociales sont seules admises à concourir à l'adjudication.

Le prix en est acquis au patron ou à la sociale dépossédée.

Quelques réflexions.

Nous défendons qu'il se forme désormais d'autres sociétés que des Sociales, mais nous ne forçons aucune des sociétés anciennes à se transformer en Sociale, et tout individu peut, comme par le passé, entreprendre comme patron, pourvu qu'il se conforme à la loi quant à la subsistance, la

______

(1) Vous possédez des constructions, des ongins propres à l'industrie que vous exercez ; ils sont bien à vous car vous les avez payés de votre argent. Cependant vous n'avez pas le droit de les détruire, parce qu'ils constituent un instrument de travail qui, à votre défaut, peut être utilisé par d'autres.

Et cette restriction au droit de propriété n'est contraire ni aux termes, ni à l'esprit de l'article 544 du Code civil qui dit : « La « propriété est le droit de jouir et disposer des choses de la ma- « nière la plus absolue, pourvu qu'on n'en fasse pas un usage pro- « hibé par les lois ou par les règlements. »

Or, n'est-il pas légitime de prohiber la destruction volontaire de choses qui peuvent être utilisées par d'autres ? et surtout d'instruments de travail qui occupent des bras, des capitaux, comptent pour leur quote part dans l'importance industrielle du pays et apportent leur obole à l'impôt qui fait la puissance de l'État ?

durée de la journée de travail, le carnet de travail et l'emprunt.

Aujourd'hui les patrons sont exposés à bien des chances de pertes : Les exigences toujours croissantes des travailleurs en fait de salaire (résultat du vice économique qui nous étreint et qui fait que toutes choses augmentent continuellement de prix). — Le gaspillage auquel se laissent aller trop facilement des gens dont le salaire est immuable, quel que soit le chiffre du bénéfice. —

Les grèves et la ruine qu'elles entraînent à leur suite, etc.

Comme patrons ils ont mille soucis :

La gouverne du personnel;

La fixation des salaires;

La surveillance à exercer ;

Les misères à secourir;

La fabrication, la vente, la comptabilité, etc.

Dans notre Sociale, le directeur (emploi réservé à l'ancien patron), est affranchi de presque toutes ces préoccupations. Il peut se consacrer tout entier à sa tâche principale : *le produit et la vente.* Aussi le succès dépassera-t-il son attente.

Un principe de vie supérieur anime désormais les travailleurs et féconde leurs efforts. Ce n'est plus cette prospérité boiteuse du patronat, qui n'est jamais sûre de son lendemain. C'est la prospérité large et puissante de l'association, qui défie les coups du sort.

CHAPITRE III

Quelles sont les lois qui régissent les entreprises d'utilité publique ?

Selon Pradier-Fodéré dans son *Précis de droit administratif,* l'Etat est propriétaire des mines, chemins de fer et canaux.

Ce droit de propriété, quant aux mines, est primordial.

Pour les chemins de fer, Pradier-Fodéré dit (page 231) : « L'effet de la réception définitive d'un « chemin de fer, est d'attribuer à l'Etat la pro- « priété du chemin, qui devient une dépendance « de la grande voirie, et fait partie du domaine « public. »

Pour les canaux (page 237) : « Qu'ils aient été « concédés ou non, les canaux sont une dépen- « dance du domaine public, comme les routes de « terre et les fleuves et rivières navigables et flot- « tables. Ils sont soumis au régime de la grande « voirie. »

Comment l'Etat use-t-il de son droit de propriété ?

Pour les mines, Pradier-Fodéré dit (page 126) :
« L'acte de concession donne la propriété perpé-
« tuelle de la mine. »

Pour les chemins de fer (page 232) : « Pour
« prix des travaux exécutés, l'Etat concède le
« monopole de l'exploitation du chemin pendant
« un certain nombre d'années, à la charge pour
« les concessionnaires, d'effectuer à leurs frais
« risques et périls, le transport des voyageurs et
« marchandises. »

Il résulte de là que l'Etat use différemment de
son droit de propriété, selon qu'il s'agit d'une
mine ou d'un chemin de fer.

Les lois administratives qui régissent la matière, n'ont donc pas été conçues d'après un
principe général fondé sur le droit et l'utilité publique.

Nous suivrons d'autres errements.

Les Mines.

La loi de 1791 avait déclaré (art. 1er) que les
mines sont à la disposition de la nation.

La loi du 21 avril 1810 n'ayant pas fait de
déclaration de principe, a implicitement adopté
celle de la loi de 1791. C'est, du reste, l'avis du
jurisconsulte Proudhon qui dit : « Le vrai maître
« de la mine est donc ici le pouvoir national
« exercé par le roi, puisqu'il n'appartient qu'à
« lui de disposer de la chose. »

Il est donc bien entendu que le vrai proprié-taire des mines, c'est la Nation, et que l'Etat n'est que son représentant. Il est bon de ne pas le perdre de vue.

La loi de 1810 sépare la mine de la surface, et en fait une propriété distincte. Elle reconnait cependant au propriétaire de la surface (art. 6) un droit sur le produit de la mine concédée, et elle ajoute (art. 42) que ce droit sera réglé à une somme déterminée par l'acte de concession.

Il semble qu'il y ait là une contradiction.

Si la mine ne dépend plus de la surface, et forme une propriété distincte que l'Etat a le droit de concéder à tout autre qu'au propriétaire de la surface, pourquoi ce dernier conserve-t-il un droit sur la mine et son produit?

Nous comprenons que pour ménager la transi-tion d'une législation à l'autre, le législateur de 1810 n'ait pas voulu dépouiller trop brutalement le propriétaire de la surface, du droit qu'il avait alors sur le très-fonds, et qu'il lui ait donné un dédommagement. Mais il n'est pas admissible que cet état de choses se perpétue pendant des siècles et nous pensons qu'il est temps de le modifier.

Nous proposons donc d'abroger les articles 6 et 42 de la loi du 21 avril 1810, tout en conservant les articles 43 et 44 qui accordent au propriétaire de la surface des indemnités, dans certains cas déter-minés, pour atteinte à ses droits de propriétaire de la surface.

Nos Principes en matière d'Entreprises d'utilité publique.

Il est interdit à l'Etat de gérer par lui-même aucune entreprise d'utilité publique.

L'exploitation des mines, chemins de fer, canaux et autres entreprises d'utilité publique, n'est plus désormais concédée, dans le sens attaché jusqu'à ce jour à ce mot.

L'exploitation de ces entreprises est confiée au personnel qui y est attaché.

Cela équivaut à une concession à perpétuit mais au lieu d'être faite à une Société de capitalistes, elle est faite aux travailleurs qui se succédoront dans les emplois de l'entreprise.

Règles générales des Entreprises d'utilité publique.

Lorsqu'il y a lieu de reconnaître à une entreprise le caractère d'utilité publique, la déclaration en est faite par le pouvoir législatif, sur la proposition du ministre compétent.

La déclaration d'utilité publique implique le droit pour le ministre de nommer le directeur général de l'entreprise et de fixer ses émoluments.

Si l'entreprise d'utilité publique n'intéresse qu'un département ou qu'une commune, c'est le

préfet ou le maire qui nomme le Directeur général de l'entreprise et fixe ses émoluments.

Les entreprises d'utilité publique sont soumises
aux prescriptions de la *loi du travail*, en ce qui
concerne la subsistance, la durée de la journée
de travail et le carnet de travail.

L'Avance.

Dans une entreprise d'utilité publique, l'avance
des travailleurs les moins payés, ne doit pas
dépasser le tiers de la journée de subsistance, et
le total des avances de tous les travailleurs, ne
doit pas dépasser le total d'une journée de subsistance pour tous.

Le Dividende.

Il n'y a de dividende à distribuer fin d'année, que s'il y a bénéfice, et il n'y a bénéfice que
s'il y a *une somme disponible* après payement des
dépenses nécessaires.

Les dépenses nécessaires sont :
1° Les frais d'exploitation ;
2° La solde du personnel ;
3° Le service de la dette.

Dans les *frais d'exploitation* est comprise une
somme pour l'entretien des constructions et le
renouvellement du matériel, ainsi que pour l'entretien et le renouvellement des engins spéciaux
à l'exploitation.

7.

Cette somme est mise en réserve chaque année.

La *solde du personnel* se compose de la subsistance et de l'avance des travailleurs.

Dans le *service de la dette*, sont comprises les redevances à l'État et les arrérages des emprunts.

Le dividende à distribuer aux travailleurs, est égal à *la moitié de la somme disponible après payement des dépenses nécessaires.*

La répartition en est faite au prorata de l'avance et du nombre de journées de travail de chacun.

Seconde moitié de la somme disponible.

La *seconde moitié de la somme disponible* est à la disposition de l'État qui seul, peut en déterminer l'emploi.

Toutefois cet emploi doit avoir pour but, soit de rendre accessible aux plus petites bourses, le service public dont il s'agit, soit d'améliorer les services de l'entreprise.

Dans cet ordre d'idées, il peut être jugé bon d'en consacrer une partie aux travailleurs eux-mêmes, à titre de dividende supplémentaire, si la première moitié est jugée insuffisante.

Quelle que soit la destination de cette seconde moitié de la somme disponible, l'emploi ne peut en être soustrait au contrôle du *Conseil des travailleurs.* (On verra plus loin les attributions du conseil des travailleurs.

Si le conseil des travailleurs n'approuve pas l'emploi que l'Etat veut faire des ressources fournies par la *seconde moitié de la somme disponible*, et que ses représentations ne soient pas écoutées, il saisit les Chambres de la question.

L'Emprunt.

Tout emprunt se fait par émission d'obligations pour une durée qui ne peut excéder 60 ans.

Le ministre en fixe l'importance, la durée et l'intérêt.

L'emprunt est remboursable par annuités.

Le ministre décide du moment où commencera le remboursement.

L'annuité se compose d'un nombre d'obligations tel, que toutes celles émises se trouvent remboursées dans le délai fixé pour l'emprunt.

Les obligations à rembourser sont tirées au sort chaque année.

L'institution de lots, avec tirage au sort, est permise aux entreprises d'utilité publique, à condition que la somme à employer annuellement en lots, ne dépasse pas 50 centimes par cent francs de capital.

Conseil des travailleurs.

Dans toute entreprise d'utilité publique, il est formé un conseil de travailleurs de vingt-cinq membres, y compris le directeur général qui le préside.

Huit membres sont au choix du directeur général, seize à l'élection des travailleurs.

Le conseil s'assemble au moins trois fois par semaine.

La compétence du conseil s'étend à toutes les parties du service.

Le directeur général ne peut rien sans le conseil. Il ne parle, n'ordonne qu'au nom du conseil.

Les décisions dans le conseil des travailleurs, sont prises à la majorité absolue des voix, soit à la majorité de treize voix dans un conseil de vingt-cinq membres.

C'est-à-dire que, s'il n'y a pas 13 conseillers présents, aucun vote ne peut avoir lieu, et s'ils ne sont que 13, l'unanimité est nécessaire pour que le vote soit valable.

Le directeur général peut se faire suppléer au sein du conseil, par un vice-président élu par ledit conseil.

Le conseil des travailleurs est renouvelable en entier chaque année.

Les membres élus peuvent être réélus. Le directeur général peut maintenir ses choix de l'année précédente.

Les travailleurs élus cessent le travail de leur métier, mais ils continuent à en recevoir la solde.

Le conseil peut charger ses membres, à tour de rôle et suivant leurs aptitudes spéciales, de missions de surveillance et d'inspection, pour lesquelles il leur alloue des indemnités ou frais de déplacement modérés.

Élection des membres du conseil des travailleurs.

Dans toute entreprise comportant un nombreux personnel, il y a des groupements naturels qui sont dus, soit à la diversité des travaux, des attributions, soit à l'éloignement des ateliers, chantiers ou bureaux, les uns des autres.

Ces groupements, étendus ou restreints suivant le besoin, seront considérés comme collèges électoraux.

Tout groupe nommera un délégué à l'Assemblée électorale principale, pour chaque dizaine, ou chaque vingtaine, ou chaque trentaine, etc. d'individus, suivant la force de ce groupe, de manière que l'Assemblée électorale principale ne soit pas composée de plus de cent membres.

Cette Assemblée principale se tiendra au siège de l'administration centrale.

Elle élira les seize membres du conseil qui sont dévolus à l'élection.

Elle élira en plus six membres suppléants destinés à remplacer ceux qui disparaîtraient pendant l'année, soit par maladie, ou parce qu'ils cesseraient pour un motif ou pour un autre, d'être attachés à l'entreprise.

Au directeur général incombera le soin pour la première élection, de déterminer les groupes ou circonscriptions électorales.

Le conseil des travailleurs revisera ensuite ce travail, chaque année, à la veille de l'élection.

Si le chiffre du personnel de l'entreprise n'est pas assez élevé pour qu'un délégué par dix électeurs puisse composer une assemblée électorale de cent membres, le conseil des travailleurs sera de moins de vingt-cinq membres, en ayant soin d'en toujours réserver les deux tiers à l'élection.

Dans aucun cas 'e conseil des travailleurs ne pourra être de moii de treize membres, dont le directeur général prés lent, quatre membres à son choix et huit à l'élection.

Pour un conseil de travailleurs de treize membres il sera élu trois suppléants.

Quelques vacances qu'il se produise au conseil dans le courant de l'année, il ne sera pas fait de nouvelles élections.

Si les suppléants ne suffisent pas à remplir toutes les vacances, et que de ce fait, la proportion exigée entre les élus et les non élus, soit rompue au détriment des premiers, un ou plusieurs des non élus désignés à l'avance, s'abstiendront de voter, pour rétablir cette proportion. Ils continueront à siéger, mais avec voix consultative seulement.

Le Conseil des travailleurs ne peut prescrire de retenues sur le dividende d'un travailleur; encore moins sur sa subsistance et son avance.

Il peut prescrire des retenues sur le dividende

de tous les travailleurs sans exception, dans un but d'intérêt général, à condition que ces retenues soient proportionnelles à l'avance de chacun.

Ce résultat sera obtenu en prélevant la somme voulue sur la *première moitié de la somme disponible*, avant d'en faire la répartition aux travailleurs.

Les punitions que le Conseil peut infliger, sont :

1° Le blâme verbal ;

2° Le blâme par affichage ;

3° Le déplacement et l'appel à un emploi inférieur ;

4° La destitution ou renvoi de la Société.

Usines de l'État.

L'Etat possède des usines dont les produits lui coûtent plus cher que s'il les demandait au commerce ou à l'industrie. — Il s'en défera.

Dans le privilège qui lui appartient comme à tous, de poser ses conditions, l'Etat possède toutes les garanties désirables pour l'exécution de ses commandes par l'industrie privée.

L'*Imprimerie Nationale* sera réduite à la partie scientifique, c'est-à-dire aux services destinés à venir en aide à la science, et qu'on chercherait en vain dans les établissements privés. — Quant aux services qui peuvent être suppléés par l'industrie privée, ils en seront retranchés résolument.

L'Etat possède aussi des usines qui sont une des sources de l'impôt.

Elles seront, comme les autres, régies par les règles générales des entreprises d'utilité publique, sauf en ce qui concerne le dividende de fin d'année.

Ce dividende sera déterminé par le Ministre, sur la proposition du Directeur général, de manière que les travailleurs de ces entreprises n'aient rien à envier à ceux des autres entreprises d'utilité publique.

Les Sociétés par actions.

Nous avons institué *la journée de subsistance*,

Nous avons créé *la Sociale*, seule forme d'association désormais autorisée.

Nous avons enfin tracé les règles générales des entreprises d'utilité publique.

L'avenir se trouve ainsi réglementé de la façon la plus favorable aux intérêts généraux de la Société.

Est-ce tout ?

Ne devons-nous pas aussi réformer le présent et transformer toutes ces Sociétés par actions, notamment celles des mines et des chemins de fer, qui sont les plus parfaits modèles de l'exploitation du travail par le capital ?

Nous ne le ferons pas parce que nous soulèverions des résistances furieuses ; parce que nous porterions atteinte à des droits acquis, dont nous ne pouvons méconnaître la respectabilité ; à des contrats consentis librement, et auxquels le terme assigné par traité peut seul mettre fin.

Il est vrai que l'Etat, en abandonnant à perpétuité à des particuliers, la propriété des mines, *biens nationaux*, a fait bon marché des droits de la nation. — Mais il y était autorisé par la loi du 21 avril 1810, œuvre du premier Empire.

Il est également vrai, qu'en concédant l'exploitation des Chemins de fer pour 99 ans, le second Empire n'a pas eu plus de souci de ces droits que le premier.

Mais les Chambres législatives qui ont consenti ces contrats désastreux, étaient libres de ne pas le faire. — Elles ont engagé le pays, et le pays, qui leur avait confié le mandat de le représenter, n'a pas le droit de déclarer leur œuvre nulle et non avenue.

Voilà pour la *légalité*.

Mais, en fait, nous prévoyons que les choses se passeront tout autrement.

Supposons qu'une Chambre des députés adopte nos idées et rende des lois pour instituer la journée de subsistance, la sociale et les règles générales des entreprises d'utilité publique que nous avons tracées.

Supposons encore, ce qui n'est pas douteux pour

8

nous, que ces institutions fassent merveille et qu'on ait bientôt sous les yeux des spécimens de sociales et d'entreprises d'utilité publique donnant les résultats les plus heureux, il se produira un tel mouvement d'opinion, on entendra des cris d'indignation si formidables contre les Sociétés par actions, on verra surgir des grèves tellement menaçantes pour l'ordre et les intérêts vitaux du pays, que le législateur s'empressera de porter la main sur ces citadelles du capital.

Alors il ne sera plus temps de parler de *légalité* et de *droits acquis*. — Les droits de la *nation*, les droits du *travail* primeront tous les autres.

A ce moment nous ferons connaître nos idées sur la transformation nécessaire des entreprises d'utilité publique, aujourd'hui exploitées par des Sociétés d'actionnaires.

HAPITRE IV

Un obstacle invisible arrête les chefs de notre démocratie et les condamne à l'impuissance. La formule du progrès leur échappe.

Cette formule, c'est : *Humanité prime Liberté.*

Aujourd'hui, nous jouissons de libertés très étendues, surtout en matière politique : mais que voulez-vous que fassent les misérables des libertés politiques ? Du travail bien payé ferait bien mieux leur affaire.

La liberté, dites-vous, est l'instrument par lequel ils peuvent arriver à modifier l'ordre social à leur avantage. Qu'ils en usent !

Cette fin de non recevoir pourrait être taxée d'hypocrisie. N'est-ce pas ? vous qui possédez instruction et fortune, à vous qui avez la responsabilité parce que vous avez le pouvoir, qu'il appartient d'améliorer le sort des misérables ?

Vous devez prendre leur intérêt en mains, au nom de l'humanité.

Vous le devez, car vous savez bien qu'absorbés par la lutte pour l'existence, ils sont incapables d'agir avec le calme, l'ensemble et la persévérance nécessaires pour obtenir des réformes par les voies légales.

Humanité prime liberté. Cette pensée se traduit ici par *la journée de subsistance et la substitution de l'association au salariat.*

Ces réformes ne contiennent pas seulement la solution économique, elles donnent aussi la solution politique. — C'est le progrès sous toutes ses formes.

C'est la satisfaction de l'individu et son développement complet, l'amélioration physique de l'espèce, la diminution du paupérisme, de la prostitution, de la criminalité ; l'accroissement inoui des ressources de l'Etat et des villes ; la baisse des prix ; la dispersion des richesses dans toutes les mains ; l'accroissement prodigieux de ces richesses et de la fortune mobilière de la France (1).

C'est aussi par la réduction de la journée de travail à huit heures, l'évanouissement de la crainte, fondée ou non, que l'emploi de plus en plus général des machines, et la division toujours plus grande du travail, en confinant chacun

(1) L'action tombe, mais l'obligation reste, et l'Epargne n'est pas en peine de trouver de nouvelles formes.

dans un détail infime de la production, n'opère à la longue sur nos races de travailleurs, une sélection fâcheuse par le rétrécissement du cerveau.

C'est encore la solution des difficultés qui touchent à la question de patriotisme.

Dans l'état actuel des choses, les patrons, devant le haut prix des salaires, n'hésitent pas à rechercher les services d'étrangers moins exigeants. Avec le régime de l'association, cet inconvénient disparaît. Désormais, on peut suivre les conseils du patriotisme, sans faire le sacrifice de ses intérêts.

Ainsi tombe l'épouvantail *chinois* contre lequel se débattent les américains, et que des publicistes français se plaisent à agiter aux yeux de nos ouvriers, parce qu'ils ont le mauvais goût de n'être pas contents de leur sort.

Les travailleurs étant désormais maîtres de la fortune publique, le problème gouvernemental se trouve singulièrement simplifié. Il n'est plus besoin de remettre aux mains de l'Etat, sous forme d'impôts, des ressources qu'il distribuera aux communes ou aux départements, à titre de subvention, pour telle ou telle œuvre d'utilité publique.

Les associations répondent du sort de leurs sociétaires et de leurs enfants. Elles fondent des écoles, des hôpitaux, des asiles pour la vieillesse, pour les invalides du travail, érigent des cités, etc.

Chaque association est une institution de prévoyance qui lutte contre la mendicité, la prostitution, la criminalité. Il n'y a qu'à les laisser faire pour voir bientôt disparaître tous les fléaux qui affligent l'humanité.

Un de nos amis, auquel nous avons communiqué ce travail, nous dit, après bien des objections de détail, qui faisaient pressentir cette exclamation :

« Mais vous croyez donc à la bonté des hommes ? »

En effet, nous y croyons.

Nous croyons fermement, et avec une expérience déjà longue, que les hommes sont bons, mais aigris par les injustices sociales et la misère.

Que les travailleurs se voient l'objet d'une sollicitude réelle, et qui se traduise par des faits probants, vous aurez trouvé le chemin de leur cœur, et vous rencontrerez chez eux des facilités inouïes pour la réalisation de vos projets.

L'Abondance des bras.

Jetons un coup d'œil rétrospectif sur notre œuvre.

Le mal dont nous cherchons le remède, a pour cause originelle l'exploitation de l'homme par l'homme, et pour auxiliaire l'abondance des bras.

L'exploitation de l'homme, nous en aurons raison par les associations de travailleurs.

La cause première du mal n'existant plus, la cause secondaire se trouvera-t-elle, *ipso facto*, réduite à l'impuissance ?

Cette cause secondaire, *l'abondance des bras*, aurait-elle par elle-même une vertu propre, qui rendit vains tous les efforts du législateur pour éteindre la misère ?

Est-il possible que, dégagée d'un vice originel dont elle était le puissant auxiliaire, l'abondance des bras se révèle à nous, *fléau inextirpable*, parce qu'elle est la loi de l'humanité ?

Telle est la question que nous allons examiner.

Malthus l'a résolue par cette sentence :

« La population tend à dépasser les moyens « de subsistance », et il en conclut qu'il faut opposer à la multiplication indéfinie des hommes, *l'obstacle préventif*, si l'on ne veut tomber sous le coup de *l'obstacle répressif*, la misère, la maladie, la mort.

Bastiat accepte cette alternative, mais il s'efforce de présenter l'obstacle préventif sous de riants aspects (*Harmonies économiques*, p. 520) :

« Le mieux-être et la prévoyance s'engendront « l'un l'autre dans une succession indéfinie », et page 531 : « L'habitude d'un certain bien-être, « d'une certaine dignité dans la vie, est le plus « fort des stimulants pour mettre en œuvre la « prévoyance, et si la classe ouvrière s'élève une « fois à certaines jouissances, elle n'en voudra « pas descendre, dût-ell _pour s'y maintenir et

« conserver un salaire en harmonie avec ses
« nouvelles habitudes, employer l'infaillible moyen
« de la limitation préventive ».

Tristes théories de grands esprits, auxquels
a manqué un sens : l'*Amour de l'Humanité !*

Mieux inspiré a été M. Alfred Fouillée, dans
la *Philanthropie scientifique* (*Revue des Deux-
Mondes*, septembre 1882), quand il dit : « Par
« cela même que vous, législateurs, vous n'avez
« pu établir de loi qui règle la multiplication de
« l'espèce, etc. »

M. A. Fouillée s'en prend au législateur :
c'est là la note vraie.

Singuliers économistes que ceux qui écartent
de prime abord la principale difficulté, sous prétexte qu'elle est le fait de la nature ; qui, se pro-
posant d'apprendre aux peuples comment leur
prospérité matérielle peut naître et se développer,
leur disent : avant tout, il faut corriger la nature
qui vous a faits prolifiques, sans quoi nous ne
répondons de rien.

Avant de condamner l'humanité à des pratiques contre nature, sous peine de misère éternelle, il convient de rechercher si cette misère
n'est pas le fait de la perversité des hommes et
de leurs injustes lois, bien plutôt que de la pro-
lification de l'espèce, et, s'il en est ainsi, lutter
avant tout, pour obtenir la modification de ces lois.

L'œuvre de l'économiste ne se conçoit pas
assise sur l'iniquité.

Lois de la multiplication des espèces.

Quelles sont les lois de la multiplication des espèces ?

M. A. Fouillée nous apprend que MM. Howorth, Doubleday et Spencer les ont formulées comme suit :

« 1° Le développement plus grand de l'indi-
« vidualité entraîne une fécondité moindre pour
« l'espèce.

« Les espèces animales ou les races humaines
« qui vivent le plus par la pensée et par le sen-
« timent, sont celles qui ont la moindre puis-
« sance génératrice.

« Si les races civilisées sont plus nombreuses
« que les autres, c'est que la civilisation, en
« diminuant une foule de forces destructives,
« augmente les moyens de subsister, et main-
« tient ainsi la population à un chiffre supérieur ;
« mais l'élévation de ce chiffre tient à un plus
« grand art de se conserver qu'ont les individus,
« non à un plus grand pouvoir d'engendrer chez
« l'espèce.

« 2° La richesse de la nutrition augmente la
« fécondité, tandis que la dépense produite par
« l'exercice des fonctions de relation, et princi-
« palement la dépense intellectuelle, la diminue.

« Les races pauvres et mal nourries, sont
« naturellement les moins prolifiques. »

Cette dernière remarque souffre des excep-
tions, et M. A. Fouillée en cite une : « Les Ir-
« landais, quoique mal nourris, reproduisent
« beaucoup, ce qui doit être attribué à ce que
« les mariages se font chez eux de très bonne
« heure (d'où dérive une succession plus rapide
« des générations) ; à ce qu'ils sont imprévoyants ;
« à ce qu'ils ne s'imposent aucune mesure ; en
« un mot, à des causes tout autres que la force
« génératrice proprement dite. »

Nous ajouterons que cette imprévoyance, ce
défaut de mesure, ne sont pas le fait des Irlan-
dais seuls. Chaque peuple en fournit un exemple
plus ou moins prononcé. En France, notamment
(nous le faisions remarquer au début de ce travail) les classes pauvres reproduisent davantage
que les classes aisées. (Le dernier recensement
l'a constaté.)

Ce qu'il importe d'établir, c'est que la raison
première de ce phénomène est l'abandon moral
auquel se laissent aller les misérables, en proie
à une situation à laquelle ils ne voient pas de
remède, et dont ils n'espèrent pas sortir.

Mais que la société fasse luire à leurs yeux
l'espoir d'un meilleur sort, et leur moral se relè-
vera, et la loi formulée se vérifiera.

Il résulte de ces données, que pour savoir quel
sera l'effet de notre réforme au point de vue de

la multiplication de l'espèce, nous devons nous demander si elle favorisera l'individualité, et si elle permettra une plus grande richesse de nutrition.

L'affirmative n'est pas douteuse. La substitution de l'association au salariat, en augmentant les ressources du travailleur, et en lui assurant un loisir de quelques heures par jour en dehors du temps consacré au travail professionnel, aux repas et au sommeil, augmentera son bien-être et lui permettra de vivre davantage par la pensée et par le sentiment.

Ne travaillant plus en mercenaire, mais pour lui-même; préoccupé de son rôle de sociétaire, de ses devoirs de père de famille auxquels il peut enfin satisfaire amplement, de l'étude de son choix puisqu'il a des loisirs; élevant sa pensée jusqu'aux intérêts de l'Etat dont la *Sociale* est l'image fidèle, toutes les facultés de son être seront tenues en éveil. Il sera véritablement un citoyen, dans toute la force du terme.

Au lieu de cet affaissement moral, de cet abandon qui caractérisent les classes pauvres et les rendent prolifiques par insouciance, nous aurons des hommes au moral relevé et parfaitement maîtres d'eux-mêmes.

Abattus par la misère, livrés à une hygiène détestable, dévorés par des maladies qu'ils ne songeaient même pas à combattre, ils donnaient le jour à des êtres chétifs, souffreteux (1) ; bien portants et solides au moral comme au physique, leur progéniture sera mieux douée.

Mais ces deux conditions également désirables, et qui seront désormais remplies chez nos travailleurs : *Développement plus grand de l'individualité* et *plus grande richesse de nutrition*, ont, en ce qui concerne la puissance génératrice, des vertus contraires. Qu'en résultera-t-il ?

Est-ce que cette expresion : *règlement de la multiplication de l'espèce*, dans la bouche de M. A. Fouillée à qui nous l'empruntons, signifie nécessairement *limitation* ?

Est-ce que nous-mêmes, quand nous signalons *l'abondance des bras* comme le plus puissant auxiliaire de l'exploitation de l'homme par l'homme, nous regardons la *limitation* comme la solution du problème ?

Notre croyance est tout autre.

Pour nous, et nous pensons que M. A. Fouillée ne l'entend pas autrement, *règlement de la multiplication de l'espèce* signifie : *Établissement d'un ordre de choses dans lequel seraient annihilées les influences qui n'ont pas permis jusqu'à ce jour à l'humanité de se développer selon ses lois naturelles, sans engendrer la misère.*

(1) Les opérations du Conseil de revision de Paris ont fait ressortir que les arrondissements les plus pauvres sont ceux qui donnent la moyenne des tailles la moins élevée.

Et nous pensons arriver à ce résultat par notre réforme, parce qu'elle réalisera ces deux conditions à effets contraires : *plus grand développement de l'individualité* et *plus grande richesse de nutrition*, et que de l'opposition même de ces contraires, naîtra le *règlement de la multiplication de l'espèce* par la *pondération naturelle*, qui s'établira entre la puissance génératrice de l'homme et son action morale.

L'univers a ses destinées insondables, mais un point ne fait pas de doute dans nos esprits, c'est que l'humanité est maîtresse de son sort, et que pour réaliser les progrès matériels et moraux auxquels elle aspire, ses guides nécessaires sont *la justice* et *le respect d'elle-même*.

Les loyers.

Il est une réforme très urgente et tout à fait étrangère aux conditions du travail et de l'association, c'est celle nécessitée par la cherté des loyers.

Le haut prix des locations, en rejetant le travailleur toujours plus loin de son travail, lui impose incessamment de nouvelles fatigues, de nouvelles pertes de temps, de nouveaux frais.

C'est une des formes les plus sensibles de la tyrannie du capital.

Dans une grande ville comme Paris, c'est un véritable fléau.

Les chemins de fer métropolitains seront impuissants à remédier à cet état de choses. Il ne s'agit pas, en effet, de donner au travailleur la facilité de s'éloigner à peu de frais. Il faut au contraire qu'il puisse habiter près du lieu de son travail.

Le temps perdu en allées et venues, la fatigue et les frais qui en résultent, voilà le mal !

La population de la Capitale augmente avec une effrayante rapidité. Elle a plus que quadruplé en quatre-vingts ans !

Il y a donc urgence.

Faire baisser le prix des locations; tel est le but que nous devons nous proposer.

Il n'est pas admissible d'ailleurs, que les propriétaires des maisons de rapport ne contribuent dans aucune mesure aux sacrifices que la réforme imposera à tous ceux qui possèdent, et que seuls, par les prix élevés de leurs locations, ils fassent échec aux bonnes intentions du législateur.

Fidèles à notre répulsion pour l'ingérence de l'Etat ou de la commune, toutes les fois qu'elle peut être évitée; persuadés que pour résoudre les problèmes sociaux, il faut se garder d'une centralisation qui ne fait que substituer de nouvelles difficultés aux premières, et créer pour tous une dépendance insupportable, c'est aux locataires eux-mêmes que nous demanderons la solution du problème.

Projet de loi.

Dans toute ville où le dernier recensement a constaté l'accroissement de la population, les locataires de chaque maison ont le droit d'exercer une retenue sur leur terme, s'il y a dans la maison un seul logement ou appartement non loué.

A Paris cette retenue est des deux tiers ;

Dans les villes de 100,000 âmes et au-dessus, de moitié ;

Dans celles de 50,000 à 100,000 âmes, d'un tiers ;

Dans celles de 20,000 à 50,000 âmes, d'un quart ;

Dans celles au-dessous de 20,000 âmes, d'un cinquième.

Ce droit de retenue ne peut être exercé à propos d'un logement ou appartement qui serait devenu vacant dans le cours du trimestre.

Le motif de *réparations* n'est une excuse que si ces réparations ne pouvaient être faites en trois mois.

Au besoin, le maire ferait constater par un architecte si l'excuse est valable.

Si un appartement ou logement est loué sans être habité, le propriétaire doit fournir la preuve qu'il est meublé, et qu'il en reçoit le loyer régulièrement.

Les locataires sont autorisés à différer le payement de lour loyer, si la preuve fait défaut.

Dans une maison de construction récente, le droit de retenue des locataires ne commence qu'une année après l'achèvement de l'immeuble.

Une maison n'est réputée achevée, qu'un an après la terminaison du gros œuvre.

Tout architecte, tout entrepreneur est tenu de faire graver la date de l'achèvement du gros œuvre, sur une des pierres d'assise de la porte d'entrée.

Si, narguant la loi, un propriétaire refuse tout locataire ou n'en accepte qu'un nombre infime, laissant la plupart de ses locations vacantes ; s'il ne fait pas les réparations nécessaires dans les appartements ou logements inoccupés, les rendant par ce fait inhabitables ; si, en un mot, il manifeste d'une manière quelconque sa mauvaise volonté à se conformer à la loi, il encourt l'expropriation.

Un fait de cette nature étant dénoncé au maire, celui-ci charge un conseiller municipal et un architecte de le constater, et sur leur rapport forme la demande d'expropriation.

Elle est prononcée aux conditions suivantes :

Le terrain sur lequel la maison et ses dépendances sont élevés, devient la propriété de la commune.

L'immeuble est mis en adjudication, et le prix en est remis à l'ex-propriétaire.

Les sociales sont seules admises à concourir à l'adjudication, et elles ne sont déclarées adjudicataires qu'à condition que les locations seront uniquement occupées par leurs Sociétaires, leurs femmes, leurs enfants (1).

Toute augmentation de loyer donne au locataire auquel elle est signifiée, le droit de quitter la maison à son jour et à son heure, en ne payant que pour le temps qu'il l'a habitée.

Conséquemment, le locataire qui payait son terme à l'avance, a le droit s'il est augmenté, de ne plus le payer qu'à terme échu.

Le locataire augmenté peut s'en aller, soit de suite, soit plus tard, sans que le fait d'avoir subi cette augmentation pendant quelque temps, puisse être considéré comme une acceptation qui l'engage et l'oblige désormais aux délais d'usage.

Dans les villes où le dernier recensement n'a pas constaté d'accroissement de la population, les mêmes mesures peuvent être appliquées, si un accroissement subit de la population vient à se produire par suite de quelque circonstance extraordinaire.

Par contre, s'il survient une baisse subite de la

---

(1) L'immeuble ayant été acquis pour la valeur seule des constructions, à l'exclusion du terrain, le prix des locations doit subir, de ce fait, une notable diminution. Nous en faisons profiter la classe si intéressante des travailleurs, et mettons ainsi obstacle au trafic malhonnête dont ces locations pourraient être l'objet, de la part d'un acquéreur peu scrupuleux.

C.

population dans une ville où les retenues étaient exercées, elles doivent être interdites.

Les Conseils municipaux sont juges de l'opportunité de ces mesures. Ils en décident par un vote.

Dans toute ville, soit que le dernier recensement ait ou n'ait pas constaté d'augmentation de la population, les conseils municipaux doivent veiller à ce que les propriétaires de maisons de rapport, fassent les grosses réparations nécessitées par la vétusté de l'immeuble.

Si les locataires ont quelque raison de craindre des accidents, ils en donnent avis au maire.

Celui-ci fait examiner l'immeuble par un conseiller municipal assisté d'un architecte, et sur leur rapport, ordonne s'il y a lieu, au propriétaire, de faire f.. . les réparations nécessaires dans un délai de...

Si le propriétaire ne tient aucun compte de cet ordre, le maire requiert l'expropriation.

L'expropriation ayant été prononcée, l'immeuble est mis en adjudication, à l'exclusion du terrain qui devient la propriété de la commune.

Les sociales sont seules admises à concourir à l'adjudication, aux conditions déjà dites.

Les dispositions des articles 1752 à 1762 du Code civil, qui seraient contraires à la présente loi, cessent provisoirement d'avoir leur effet.

Ces dispositions tempéreront suffisamment le droit que conservent les propriétaires, de fixer le prix de leurs locations, de les augmenter, de donner congé, de poursuivre et de faire saisir en cas de non payement.

Les maires jugeront les différends qui pourraient s'élever entre propriétaires et locataires, au sujet de l'application de la loi.

Ils consigneront sur un registre tous les cas qui leur seront soumis, et les décisions qu'ils auront prises (1).

L'Organisation militaire.

Au début de ce travail, nous avons dit que très peu de personnes avaient conscience des conditions nécessaires de la République à notre époque.

Nous avons fait connaître comment nous réaliserions la plus importante de ces conditions : La *Réforme économique.*

Notre organisation militaire n'appelle pas moins hautement l'intervention du suffrage universel éclairé.

Cette organisation est très onéreuse aux populations et porte grand préjudice à toutes les car-

(1) Cette loi des *loyers* a une valeur propre et parfaitement indépendante de la *loi du travail.* — Elle peut donc être détachée de ce travail, et pratiquée sous le régime économique actuel.

rières, sans donner au pays la sécurité dont il a besoin.

Au lieu de tirer parti de l'aptitude naturelle du Français po.. .s .rmes, elle lui en inspire le dégoût, par les sacrifices et les ennuis qu'elle rend inséparables de cette étude.

Il serait facile d'arriver à un résultat beaucoup plus satisfaisant à tous les points de vue.

Dans l'ordre militaire comme dans l'ordre économique, il y a une grande victoire à remporter : il faut lutter contre des préjugés établis, que les militaires haut gradés soutiennent de leur autorité.

Ce problème est, avec la réforme économique, ce qui nous tient le plus au cœur.

Nous l'aborderons si bon accueil est fait à notre réforme économique, et ce sera avec une certaine compétence, car l'armée fut notre première carrière, et l'organisation de nos forces militaires sur de nouvelles bases, a déjà été l'objet de nos études.

Organisation judiciaire.

Il est une autre réforme bien urgente, c'est celle de l'organisation judiciaire.

Nous déclinons toute compétence en matière judiciaire, mais il n'est pas nécessaire d'être jurisconsulte pour concevoir les conditions nécessaires d'une réforme qui tient à l'ordre social, et doit s'harmoniser avec lui.

Les principes de l'*inamovibilité* et de *l'élection* nous paraissent également précieux, et nous pensons qu'une bonne organisation judiciaire sera celle qui saura les combiner : *l'élection conférant l'inamovibilité.*

Nous nous arrêtons-là, car nous ne nous sommes pas proposé d'indiquer toute les réformes à faire, mais seulement celles que nous voudrions voir faire cortège à la réforme économique.

Paris.-Imp. PAUL DUPONT. — 902.5.87 F.

www.ingramcontent.com/pod-product-compliance
Ingram Content Group UK Ltd.
Pitfield, Milton Keynes, MK11 3LW, UK
UKHW021213220726
13924UKWH00003B/1495